Sabine Molter

Spaziergänge in
Treptow

SAPERE AUDE

HAUDE & SPENER

Abbildungen: Akademie der Wissenschaften (S. 87), Allianz AG (S. 23), Archiv der Autorin (S. 3, 11, 32/33, 57, 67, 69, 82, 88, 116), Jürgen Krämer (S. 6, 13, 18, 45, 48, 50, 51, 59, 64, 72, 78, 85, 103, 112, 115), alle übrigen Abbildungen Sabine Molter. Die Zeichnung auf S. 35 stammt von Manfred Bofinger, die auf S. 105 von Hans-Eberhard Ernst; die übrigen Zeichnungen sind von Sabine Molter.

Autorin und Verlag danken Manfred Bofinger und Hans-Eberhard Ernst, die uns für diese Ausgabe ihre Zeichnungen honorarlos – aber nicht humorlos – überlassen haben.

Die Deutsche Bibliothek – CIP-Einheitsaufnahme

Molter, Sabine:
Spaziergänge in Treptow / Sabine Molter. – Berlin:
Haude und Spener, 1998
(Berlinische Reminiszenzen; 76)
ISBN 3-7759-0414-X
NE: GT

Satz: Volker Spiess, Berlin
Das Titelfoto (Sabine Molter) zeigt die Abteibrücke im Treptower Park, die Vignette auf dem Haupttitel Willi Schwabe
Gesamtherstellung: Ebner, Ulm
ISBN 3-7759-0414-X

Inhalt

Das Treptower Rathaus mit dem Stralauer Fischer

Einladung zum Spazieren, Wandern und Wundern im Bezirk Treptow

Es ist ein Buntes, Mannigfaches, das ich zusammengestellt habe … Und sorglos hab ich es gesammelt, nicht wie einer, der mit der Sichel zur Ernte geht, sondern wie ein Spaziergänger, der einzelne Ähren aus dem reichen Felde zieht.

Theodor Fontane in »Die schönsten Wanderungen durch die Mark Brandenburg«.

Seit vor gut 100 Jahren der Treptower Park als *grüne Lunge* für die Bewohner der Kreuzberger Luisenstadt angelegt wurde, assoziieren die Berliner mit dem Orts- und Bezirksnamen Vergnügen, Freizeit, Unterhaltung. Der Treptower Park wurde zum traditionsreichen Ausflugsort, den man seit der Berliner Gewerbeausstellung 1896 schon mit der Straßenbahn erreichen konnte. Ein waschechter Volkspark, in dem es einen Reitweg oder andere elitäre Extravaganzen nie gegeben hat. Seine Lage im Berliner Osten beeinflußte seine Nutzung. Kein anderer Park ist so intensiv in das Leben der Berliner und die Geschichte der Stadt einbezogen worden. Alles, was hier stattfand und stattfindet, hatte und hat den Charakter einer Großveranstaltung, ob politisch oder unterhaltend.

Das läßt sich auch auf die sieben Ortschaften im Bezirk übertragen. Als 1909 der erste deutsche Motorflugplatz in *Johannisthal* öffnete, herrschten chaotische Zustände, die Besucherzahlen gingen in die Hunderttausend. Die Massen, die heute in den Spreepark im Plänterwald pilgern und jauchzend ihre gute Laune aus den Gondeln der Achterbahn über die Spree schicken, bewegen sich da disziplinierter. Mit der industriellen Erschließung der Oberspree seit der Jahrhundertwende kamen nicht nur reihenweise architektonische Industriegiganten für die beginnende Massenproduktion nach *Niederschöneweide*, sondern auch Arbeiter in Scharen. Die Folge war eine ungekannte Siedlungsbewegung, die den beiden Dörfern *Altglienicke* und *Bohnsdorf* im Süden in kurzer Zeit ihre dörfliche Unschuld nahm. Zu den Siedlerfesten und Veranstaltungen strömte das fortschrittliche und werktätige Berlin. Das politische Engagement der hier konzentrierten Arbeiterschaft machte den Bezirk auch zu einem Zentrum der Widerstandsbewegung gegen die Nationalsozialisten; an etwa 30 Stätten wird dieser offiziell gedacht. Tausende von ausländischen und jüdischen Zwangsarbeitern vegetierten in mehr als 60 Arbeitslagern.

Treptow war der zweitgrößte Industriebezirk Ostberlins, und in *Adlershof* richtete die DDR ihr Medien- und Wissenschaftszentrum ein. Hier soll nun die deutsche Zukunftsvision vom größten Wirtschafts-, Wissenschafts- und Medienzentrum Wirklichkeit werden. Die Massenbewegung der Seidenraupen dagegen, die Friedrich II. verordnete, blieb auch in Treptow erfolglos, wogegen die Baumschule der Familie Späth in *Baumschulenweg* um 1900 die größte der Welt war.

Die Hohenzollern selbst und ihre Repräsentanten sind hier nur durchgeritten, auf dem Weg zu ihren Jagdgründen, und ein Schloß haben sie in der Gegend nie gebaut.

Das magische Wort über Jahrhunderte hinweg war jedoch *Wasser*, »treb« ist der slawische Wortstamm für Fluß, und das beeinflußte die Entwicklung des Gebiets, von der Gründung des Ortes auf dem *Trebkow* bis zum Bau des Teltowkanals. Der Zugang nach Treptow von der Stadtmitte erfolgt über Brücken, die repräsentativste ist die Elsenbrücke über die Spree, die die Berliner in ihrer ersten Variante aus Holz »Tausendfüßler« nannten.

Und wie zur Bestätigung liegen bis auf Altglienicke und

Bohnsdorf alle Ortsteile auf zwei großen Inseln, die durch ein umfangreiches Kanalbauprogramm entstanden. Schauen Sie genau hin, lückenlos schließt sich das Wasser von Spree und Dahme, Teltow-, Britzer Zweig-, Neuköllner Schiffahrts- und Landwehrkanal.

Die Zeit der Hochwasserkatastrophen ist längst vorbei, »Treptow in Flammen« auf der Spree ist heute mehr Tradition als Genuß, doch die Lust der Berliner auf Sommerfrische und Dampferfahren ist ungebrochen. Zum Wandern und Spazierengehen ist der gut zwei Kilometer breite und 18 Kilometer lange Bezirk wie geschaffen. Er ist landschaftlich wie urbanistisch von großer Vielfalt, im Norden fast Stadtmitte, im Süden märkischer Stadtrand. Großzügig eingebettet in Landschaftsschutz, Natur- und Wasserschutzgebiete wie Köllnische und Königsheide, Klein- und Siedlungsgärten, Spree und Uferwege liegen die sieben Orte in sich geschlossen und wie aufgefädelt an der Ausfallstraße 96a und der S-Bahntrasse.

Mit dem Blick über die Spree auf die Stralauer Kirchturmspitze sollen die Spaziergänge, die vor allem auch ein Wandern im Historischen sind, im Norden beginnen und im Süden mit der Aussicht vom Plateau des Falkenbergs auf die Müggelberge enden.

Erster Spaziergang

Treptow – auf der Suche nach den Wurzeln

Vom Rathaus bis zum Schlesischen Busch

In Treptow steht das Rathaus beinahe im Wald und so gut wie am Wasser. Der sich anschließende kurze Straßenabschnitt Alt-Treptow erinnert daran, daß hier die Geschichte Treptows begann. Die Besiedlung jedoch erfolgte im direkten Anschluß an die Berliner Luisenstadt, und so nannte man sie auch den »Berliner Teil«. Was ist nun j.w.d. in Treptow, das einsame Rathaus oder die Ansiedlung?

Der phantasiebegabte Stadtwanderer könnte sich den neutralen Standort des Rathauses mit seiner heutigen Funktion als Bezirksamt erklären. Doch da liegt er falsch. Geht er ein paar Schritte weiter bis zum traditionsreichen Gasthaus Zenner, steht er am Ursprung der Geschichte von Treptow und der des Rathauses. Und die ist abenteuerlich.

Alles drehte sich einstmals um die Köllnische Heide, und die war ein gefürchtetes Biotop bis ins 19. Jahrhundert hinein. Sie erstreckte sich vom Schlesischen Busch – da wo heute der Landwehrkanal in die Spree mündet – bis nach Köpenick. Die Halbinsel Stralau war damals noch eine Insel. Sprach man von Treptow, so war die Rede von *Erl- und Bruchwiesen, Deputat-Heu, Cöllnischen Kuhhirten*. Eichen und Elsenbusch (Elsenstraße!), Bruch- und Heideland machten eine schöne Landschaft, doch ... *In den unsicheren Zeiten des Mittelalters stand die Stadtheide in dem Rufe, nicht geheuer zu sein, weil räuberisches Volk ... darin Unterschlupf suchte. Jeder Fuhrherr war froh, wenn er mit seinem kostbaren Kaufmannsgut die schützenden Mauern der Stadt erreichte.* Die Köllnische Hei-

Postkarte um 1900

de war im Besitz der Stadt Cölln und so etwas wie eine Außenstelle der Residenz. Während sie lange undurchdringlich blieb, standen die weiten Wiesen an den Spreeufern unter Wasser. An Besiedlung dachte hier niemand. Den Überschwemmungen widerstand lediglich ein Fischereibetrieb auf dem *Trebkow*, dem die Fische gewissermaßen ins Haus schwammen. Ab 1602 übernahm die Stadt Cölln das gutgehende Geschäft, verlor es im Dreißigjährigen Krieg und richtete statt dessen ein Vorwerk ein. Das Hochwasser aber kam und ging. *Die großen Hochwasserkatastrophen der Jahre 1740, 1743, 1769, 1770, die das Vorwerk monatelang in eine ›Wasserwüste‹ verwandelten und von jedem Verkehr abschnitten,* ließ die Pächter verzweifeln. ... *Bei der großen Wassernot von 1840 zog es der Pächter Busekow sogar vor, sich unter Zurücklassung seiner Frau durch die Flucht zu retten.*

Allen Erschwernissen zum Trotz gedieh das Vorwerk zu einem ansehnlichen landwirtschaftlichen Betrieb, die Meierei zu einer florierenden Ausspannstation für Pferde und Kutscher, die auf dem abenteuerlichen Handelsweg zwischen Köpenick und Berlin unterwegs waren. Der Trebkow wurde allmählich bekannt und für die Berliner zu einem beliebten Ausflugsziel. Die Gäste aus der Residenz kamen flußwärts in überdachten Gondeln oder zu Pferde geritten, die zahlreichen Naturfreunde zu Fuß. Der Grundstein für Treptow als Ausflugsort war gelegt.

An Tempo gewann die Entwicklung mit der Kolonisationstätigkeit Friedrichs II. Die Treptower Kolonisten strömten aus Sachsen herbei, ignorierten die Überschwemmungsgefahr und fanden ebenfalls Gefallen am Bewirten der Gäste. Der Pächter des Vorwerks verklagte sie wegen Geschäftsschädigung, und ab da lockten sie die Ausflügler in ihre blühenden Obstgärten mit dem bekannten Angebot *Hier können Familien Kaffee kochen.* Bis zur Erfindung der Thermoskanne füllten sie die Marktlücke – mit heißem Wasser.

Die Kolonie wurde, neben Stralau, die zweite Ansiedlung zwischen Berlin und Köpenick. Ab 1832 gehörte sie zum Gutsbezirk Treptow, der die kilometerweit auseinanderliegenden Besiedlungen erstmals unter einem Verwaltungsdach zusammenfaßte. Von einer üblichen Ortsgründung mit einem Rathaus in der Mitte war Treptow weit entfernt, ein zusammenhängender Ort wurde daraus nie.

Carl Ferdinand Langhans, Architekt und Zeitgenosse Schinkels, baute um diese Zeit die Spreebudike im Vorwerk Treptow zum noblen Magistratskaffeehaus um. Ganz strenge Ordnung und weiße Schlankheit, hob sich der Bau feenhaft aus dem Grün von Büschen und Bäumen und schwebte märchenhaft wie ein Schwan am Ufer der Spree. Das animierte jeden zu einem Besuch, der auch nur davon hörte. Von der Dachterrasse mußte man *den herrlichen Blick über die saftigen Wiesen und über das Wasser bis zur malerisch gelegenen Kirche Stralau* genossen haben. Niemand verband mit diesem Ort noch Scheunen und Ställe, Düngerhaufen und Mist. In den *lebensfrohen Tagen der Biedermeierzeit wurde das Gasthaus der Sammelpunkt der guten Gesellschaft der Residenz* dank seines

Bootsanlegestelle am Zenner-Garten

Pächters Zenner, der so nachhaltig wirkte, daß das mehrmals umgebaute Etablissement noch immer seinen Namen trägt. *Zenner wurde zum Kassenmagnet, ... wo die Mädchen weite Reifröcke und linnene Wäsche trugen, die nach Lavendel dufteten.* Das *schönste Gasthaus* wurde Motiv für Maler und Zeichner. Rahel Varnhagen plante in ihrem Berliner Salon Ausflüge zum Stralauer Fischzug, *wenn Kähne und Gondeln auf dem Wasser hin und herfuhren wie Schiffchen am Webstuhl.* Die Berliner Dampfschiffahrtsgesellschaft Stern hatte ab 1864 einen Anlegeplatz bei Zenner. Gestartet wurde an der Jannowitzbrücke, und auf den Ausflugsdampfern drängelten sich die Menschen.

Der erste Pächter des städtischen Gasthauses war ein leidenschaftlicher Pyrotechniker, der seine Gäste mit Vorführungen besonderer Art verblüffte. Das »Feuerwerk in Treptow« wurde schon 1835 zu *der* Sensation und in Treptow ab da zur ständigen Einrichtung. Der Preis für die siegreichen Kriege Preußens gegen Dänemark, Österreich und Frankreich war immerhin die Kaiserwürde. Nach dem Ersten Weltkrieg wurde unter dem Titel »Treptow in Flammen« gefeuert und geballert – und das bis heute. Das Flammen-Schauspiel bildet traditionsbewußt den Abschluß der jährlich im Juni stattfindenden Treptower Festtage.

Als Treptow 1876 selbständige Landgemeinde wurde, baute man ein schlichtes Amtshaus auf dem Vorwerksgrundstück des Magistrats für eine Gemeinde, die sich, weit weg, auf der ehemaligen Feldmark ansiedelte, wohin wir ihr folgen wollen. Spazieren wir also zum »Berliner Teil« in Richtung Landwehrkanal. – Die Fortsetzung der Geschichte dieses Ortes aber steht im nächsten Kapitel.

Die Zeit nach 1815 war für Preußen eine ungewohnt schöpferische, die siegreichen Befreiungskriege hatten Selbstbewußtsein und Tatkraft gestärkt. 1823 beschloß man die Abholzung der Köllnischen Heide, die 1840 beendet war. Stadterweiterung statt Kolonisierung war jetzt das Ziel, das seinen Höhepunkt erst 1920 mit der Eingemeindung von fast hundert Ortschaften erlebte. Seitdem sind die Stadtgrenzen stabil. Von der Heide blieb auf Treptower Gebiet der Schlesische Busch, bekannt als *unheimlicher Winkel* und *Unterschlupf für Obdachlose der überfüllten Luisenstadt*. In den Jahren nach dem Mauerbau lag der Schlesische Busch im Grenzgebiet und war wieder zum *unheimlichen Winkel* geworden. 1990 wurde im ehemaligen Wachturm das Museum der verbotenen Kunst eingerichtet, das stehengebliebene Försterhaus besetzt. Doch bevor es auf die Denkmalliste gesetzt werden konnte, schlug der neue Eigentümer zu und das Haus fiel zusammen. Nun steht hier eine der Kopien Westberliner IBA-Bauten (Internationale Bauausstellung 1979–87), die sich wie Markenzeichen über ostdeutsches Gebiet verstreuen. Die BEWAG verlegte ihren Firmensitz nach der Wiedervereinigung hierher und bezog Anfang 1996 das neue Verwaltungsgebäude. Im Schlesischen Busch spielen wieder Kinder, und Straßennamen wie Kiefholz-, Elsen- oder Eichenstraße erinnern an die Baumvielfalt der Heide.

Das Abholzen der Köllnischen Heide war Voraussetzung für die Besiedlung, doch die Feldmark war siedlungsfeindlich, der Boden sumpfig, Fundamentierungsarbeiten aufwendig und teuer. So blieb das Karree zwischen Spree, Flutgraben, Landwehr- und Neuköllner Schiffahrtskanal bis zum Anfang des 20. Jahrhunderts kein begehrtes Bauland. Während das weiträumige Vorwerksgrundstück für die Anlage eines städtischen Parks verplant war, wurde die Feldmark, die bis dahin von Ackerbürgern und Schlächtermeistern aus Rixdorf und Schöneberg als Weideland genutzt worden war, parzelliert. Grundstückskäufer waren vor allem Gärtnereibesitzer, die riesige Obst- und Gemüseplantagen anlegten. Über Wochenmärkte und Obstkähne auf dem Landwehrkanal versorgte sich das Gros der Berliner Bevölkerung, die 1877 die Millionengrenze erreicht hatte. In Treptow gab es 1876, dem Gründungsjahr der selbständigen Landgemeinde im Landkreis Teltow, 567 Einwohner und 37 Grundstücke.

Die Amtsvorsteher der ersten Stunde und auch der nächsten Jahre waren Gärtnerei- und Baumschulenbesitzer. Mosisch, Hoffmann oder Bouché, im heutigen Treptow als Straßennamen lebendig, waren tatkräftige Männer des öffentlichen Dienstes und im Dienst ihrer gärtnerischen Gewerbe. Persönliche Interessen verknüpften sich, damals wie heute, auf selbstverständliche Art mit wirtschaftlichen, und Treptow profitierte davon. Martin Hoffmann, Königlicher Gartenbaudirektor und Amtsvorsteher, baute sich eine schmucke Backsteinvilla Am Treptower Park 32 und züchtete den, wie man sagt, ersten Treibhausflieder. Die Familie Mosisch stellte zwei Amtsvorsteher. Ihre Gärtnerei befand sich an der Bouchéstraße. Die Hugenottenfamilie Bouché hatte sich über Generationen hinweg einen Namen als Gärtner gemacht. Carl Bouché war als Inspektor langjährig auf der Pfaueninsel und später im Berliner Botanischen Garten tätig, der um die Jahrhundertwende zu den drei bedeutendsten der Welt gehörte.

In keinem Stadtführer jener Zeit fehlte der Hinweis auf Bouchés Garten. *Bei den Kunstgärtnern ... Paul, David und Peter Bouché ... ist es ... im Frühjahr angenehm, und man wird in den schönen Orangeriehäusern mit sehr gutem Kaffee bedient*. 1794 heißt es: *Wir fuhren alle zusammen ... nach Bouchés Garten ... und tranken in dem Gewächshause, das ... mit einem Dache von Glas versehen ist, in einem Cabinett Caffee. Dergleichen Cabinette giebt es in diesem Treibhause sechs, und in jedem war Gesellschaft*. Noch 1835 wird in der Haude & Spenerschen Zeitung geschwärmt vom Duftgemisch aus Kaffee und Blumen in den Wintergärten der Bouchés. Garten- und Parkgestaltungen erlebten in der ersten Hälfte des 19. Jahrhunderts einen Wandel. Aus der Strenge des Barocks und aus der Privilegiertheit weniger Personen befreit, brach sich die Natur im wahrsten Sinn des Wortes Bahn und durfte wachsen, wuchern, duften. Während der Landschaftsgedanke bei den Parks zum Schlagwort wurde, widmeten sich die Gärtnereien und Baumschulen der Blumenzucht in großem Stil und auch exotischer Vielfalt sowie der Gehölzkunde und Anpflanzung. Treptow wurde zum Inbegriff für berauschende Düfte, wenn auch nicht jeder sie auf so exklusive Weise erlebte wie oben beschrieben. Treptow war etabliert als Ausflugsort mit gutem Ruf. Wer nicht bis zum Treptower Park wollte, wandelte durch die Gärten und konnte auch hier eine Molle zischen. In Treptow fanden die Berliner »Jrün und jute Luft«, hier wehte ein Hauch von Illusion, egal ob der aus den Gärten oder den Bierfässern kam. Doch das Fieber der Industrialisierung, die Berlin zur Großstadt- und Industriemetropole umstrukturierte, sollte die Idylle und den Charakter des Ortes gründlich verändern.

In Berlin wuchs die Zahl der Einwohner, besonders die der Arbeiter und ihrer Wohnquartiere. Westlich des Landwehrkanals entstand die Luisenstadt mit ihren Mietskasernen, und die Treptower, 1895 immerhin schon 2.695, hofften, daß die »graue Wand« vor dem Kanal haltmachen würde.

1891 baute man die erste Schule ausgerechnet da, wo niemand wohnte, neben dem Amtshaus zwischen Treptower Park und Plänterwald. Nur hier besaß, wie schon erwähnt, die Gemeinde Grund und Boden. Das Gebäude steht noch heute, genutzt von der Treptower Verwaltung. Ein weiter Weg also für damalige Schüler, der sich erst 1905 mit der Einweihung eines Schulneubaus in der Bouchéstraße verkürzte.

Treptow wurde zum Industriestandort, dessen Rhythmus vom Spreefluß bestimmt werden sollte. Die Berliner Fabrikanten waren auf der Suche nach großen Flächen; Expansion und Experimente forderten neue Werkhallen und Labors; der Fortschritt wurde hier zur Dimension auf Zeit, wie sich herausstellen sollte. Immobilienmakler boten den Gärtnereibesitzern viel Geld für deren Grund und Boden. Ab 1903/04 war das Gärtnern ohnehin teuer geworden, denn mit dem Bau des Teltowkanals sank der Grundwasserspiegel um ungefähr zwei Meter. Doch gerade das brachte dem Boden das damals unschätzbare Gütesiegel Bauland ein. Die meisten der Gärtnereibesitzer verkauften oder wurden selbst zu Bauherren.

In Treptow hielt eine Branche Einzug, von der es bisher verschont geblieben war, die Grundsstücksspekulation. In den folgenden Jahren entstand eine Melange aus Fabrikanlagen und Mietshäusern. 1910 gab es nur noch drei Handelsgärtnereien, doch schon 24.469 Einwohner. Der Duft und das Grün verschwanden aus diesem Teil Treptows, der »Berliner Teil« genannt wurde.

Industrie hatte es in Treptow schon Ende des 18. Jahrhunderts gegeben, lange bevor die Industrialisierung die entstehenden Großstädte weltweit auch zu Industriemetropolen machte und das Prinzip, *im Osten die Industrie und im Westen die exklusiven Wohn- und Villenviertel*, die städtebauliche Struktur nachhaltig beeinflußte. Den Anfang hatten die Lohmühlen mit ihren Lohgerbereien gemacht. Seit 1752 siedelten sie in Spreenähe und nach 1850 auch am Landwehrkanal. Wegen Gestank und gefährlicher Produktionsweise mußten sie das

Das 1927/28 erbaute Verwaltungsgebäude der ABOAG an der Eichenstraße

Weite suchen, zurück blieben ein Straßenname und die Bezeichnung Lohmühleninsel für das Eiland zwischen Landwehrkanal und Flutgraben. In die Lohmühle des Gerbers Busset in der Lohmühlenstraße zog die Lederfabrik Kampfmeyer ein und später die von Dr. M. Salomon & Co. Anfang der 30er Jahre, im Vorfeld der »Arisierung«, übernahm die Laternen- und Metallwarenfabrik Weber & Co. den Betrieb. Die Firma Weber hatte seit 1908 ihren Stammsitz in der Graetzstraße (heute Karl-Kunger-Straße) und expandierte 1937–40 in die Kiefholzstraße, nachdem sie die Produktion auf Rüstung umgestellt hatte. Eine der bekanntesten Firmen war Ehrich & Graetz, Hersteller von Petroleumlampen und Haushaltsgeräten, 1866 gegründet und führend auf dem Weltmarkt. Sie vollbrachte Spitzenleistungen in der Beleuchtungstechnik und war in Treptow ein wichtiger Arbeitgeber. *Graetzlampen beleuchteten Straßen und Plätze von Berlin, Paris, London und in den USA. Mit einer Goldmedaille für gewerbliche Leistungen ausgezeichnet, beschäftigte das international gefragte Unternehmen 1913 etwa 2.000 Personen.*

Zu den Unternehmen mit Weltruf gehörte die Aktiengesellschaft für Anilinfabrikation, Agfa. Einer der Begründer war Dr. M. Jordan, der 1850 mit seiner Farbenfabrik an der Lohmühlenstraße die chemische Industrie nach Treptow gebracht hatte. 1873 fusionierte Jordan, ein promovierter Philosoph, mit der in Rummelsburg ansässigen Gesellschaft für Anilinfabrikate zur Agfa, die ihren guten Ruf dem experimentierfreudigen Chemiker Dr. Mendelssohn Bartholdy verdankte, Sohn des Komponisten Felix Mendelssohn Bartholdy.

Schon 1648 findet sich in Treptows Geschichte dieser Name. Der damalige Cöllner Bürgermeister Bartholdi hatte vor dem Schlesischen Tor eine Meierei angelegt. Um die Wende zum 18. Jahrhundert hatte der Freiherr und Geheime Kammerrat Friedrich Heinrich von Bartholdi die Fischerei auf dem Trebkow gepachtet und sie der Meierei angeschlossen. 1730 verkauften die Erben die Bartholdische Meierei an die Stadt, die sie 1786 an den Bankier Daniel Itzig veräußerte. Als 1804 dessen Enkeltochter Lea Salomon einen Sohn des Philosophen Moses Mendelssohn heiratete, wählte das Ehepaar als zweiten Familiennamen den des Landguts und nannte sich Mendelssohn Bartholdy. Ihr Sohn, der Komponist

Felix Mendelssohn Bartholdy wurde weltbekannt, und dessen Sohn wiederum führte den Namen auf Umwegen an den Ursprungsort zurück.

Die Agfa wurde ein Großunternehmen und war als *Giftküche schlimmster Art* in Treptow nicht mehr zu führen. Sie kaufte stillgelegte Braunkohlegruben bei Bitterfeld und errichtete dort die Agfa-Farbenfabrik Wolfen und die Agfa-Filmfabrik. Seit 1904 gehörte die Agfa zum sogenannten Dreierbund, der späteren I.G. Farbenindustrie. Die Firmengeschichte der IG Farben ist ebenso interessant wie zwiespältig. So arbeiteten während des Zweiten Weltkriegs im Lager Monowitz nahe Auschwitz in riesigen Fabrikanlagen 35.000 Häftlinge *bis zur Vergasung*.

Mit dem Betriebsteil Apparate-Werke Treptow, den die AEG 1926 in der Hoffmannstraße errichtete, erhielt Treptow das größte Unternehmen. Die AEG ging hier zur Fließbandfertigung über und hatte trotz der dadurch einsetzenden Arbeitslosigkeit, die sich während der Wirtschaftskrise bis 1932 steigerte, die meisten Beschäftigten. Und wie überall, zogen ab Kriegsbeginn in die Produktionshallen der großen Firmen – fast alle hatten auf Rüstungsproduktion umgestellt – Heerscharen von »freiwilligen« und Zwangs-Arbeitern aus aller Herren Länder ein.

Parallel zur Industrie wuchsen die schnell hochgezogenen Mietshäuser. Ein ungewohntes Bild in Treptow. War zunächst die dreigeschossige Bauweise ohne Hinterhäuser zugelassen, wurde später auch die sogenannte Berliner Bauweise erlaubt. Grund und Boden für ein Rathaus am Ort stellten die Geschäftsleute nicht zur Verfügung, und so entstand 1909–10 der repräsentative Bau der Architekten Reinhardt & Süßenguth auf einem der wenigen Gemeindegrundstücke in Alt-Treptow j.w.d. an der Spree. Das kleine Amtshaus mußte weichen. Bei einem anderen Projekt konnte sich der Gemeinderat durchsetzen. Er beschloß 1909, Straßen nach wirtschaftlich interessanten Persönlichkeiten zu benennen. Bis dahin war es für Unternehmer üblich, sich eine Straßenbenennung gegen einen Obolus von 3.000 Mark zu erkaufen. Beispiele sind Beermann, Graetz, Moosdorf oder Jordan. Doch erst ab 1927 entstand rund um den Schmollerplatz das Professorenviertel mit Straßennamen bekannter Ökonomen wie Lexis, Menger, Oncken und Gustav von Schmoller. Letzterer, ein Sozialpolitiker, war im Kaiserreich in den Adelsstand erhoben worden, eine Seltenheit für einen Sozialpolitiker.

Nicht weit vom Schmollerplatz steht wuchtig in der Häuserflucht der Plesser Straße die Bekenntniskirche. Nach Curt Steinbergs Entwurf gebaut, war sie 1931 die erste Kirche in Treptow. Die Wandmosaiken im Innern, Darstellung der Reformatoren Martin Luther und Philipp Melanchthon, machen uns mit der weltbekannten Treptower Firma Puhl & Wagner bekannt.

Wichtiger als Kirchen waren in Treptow jedoch die Kneipen. In den 20er und 30er Jahren soll es 41 nur im Berliner Teil gegeben haben. Sie waren für die Arbeiterfamilien, die hier fast ausschließlich wohnten, die Freizeiteinrichtung Nummer eins. Erst dann kamen Kino, Tanzlokal und Laubenkolonien. An der Ecke Kiefholz-/Elsenstraße gab es fünf. Wenn bei Ehrich & Graetz Feierabend war, wurde es voll bei Borch, Oettinger, Rother, Willy Schulze oder in der Treptower Klause. Mit dem Gesinnungswandel in den 30er Jahren wurden etliche zu sogenannten SA-Lokalen, so der Goldene Hirsch in der Krüllstraße. Häufig kam es zu Straßenkämpfen zwischen Anhängern der Kommunisten und der Nazis. Als dabei der SA-Mann Erwin Moritz ums Leben kam, wurde nach der Machtergreifung der Nazis die Krüllstraße nach ihm benannt und am Goldenen Hirsch eine Gedenktafel angebracht. Schulkinder mußten an Feiertagen Ehrenposten stehen, vorübergehende Bürger den Hitlergruß entrichten.

Besonders beliebt war das Tanzlokal Sportrestaurant mit der Fahrradrennbahn Nudeltopf; beim Militär dagegen, stationiert im Kasernenkomplex an der Elsen- und Bouchéstraße, der Ausschank der Berliner Bockbrauerei A.G. Die Geschichte der 1901–08 gebauten Kaserne ist, stichpunktartig erzählt, eine chronisch preußische, eine militärische Reminiszenz: Zunächst exerzierte hier die Berliner Garnison der Kaiserzeit für ihren Einsatz im Ersten Weltkrieg. Danach war die Kaserne Sitz der Interalliierten Militär-Kontroll-Kommission, die die Durchführung des Versailler Vertrages überwachte. Ab 1927 begann die Reichswehr mit geheimen Rüstungsmaßnahmen, 1933 erfolgte der Ausbau zur Heereswaffenmeisterschule, denn Deutschland standen wieder große Aufgaben bevor. Am 20. Juli 1944 startete von dort eine Einsatzkompanie auf Order der Offiziere um Oberst Stauffenberg in die Bendlerstraße, und 1945 besetzte die Rote Armee die Kaserne. Von hier leitete die sowjetische Denkmals-Bauverwaltung den Bau der Ehrenmale für tausende tote Soldaten in Schönholz und Treptow. 1949 zog die Offiziersschule der Volkspolizei ein und 1962 die 2. Grenzbrigade *13. August – zum Schutz des Schutzwalls*. Das NVA-Ensemble Erich Weinert war hier untergebracht und pflegte deutsches Kulturgut, gleichfalls sehr professionell, eben nur auf andere Weise. Frank Schöbel, ein Chormitglied, wurde zwar kein Welt-Star, sang sich aber frontal und für immer in Millionen DDR-Herzen.

Treptow blieb Industriestandort auch nach 1945. Ein schwerer Beginn, 80% der Produktionsstätten waren zerstört. Die Apparate-Werke der AEG wurden ent- und dem Volke übereignet – wer immer auch das Volk war, und nun Elektro-Apparate-Werke Treptow, kurz EAW, genannt. 1946 war das Werk bereits mit Haushaltsgeräten auf der ersten Leipziger Frühjahrs-Messe vertreten und 1955 mit knapp 9.000 Beschäftigten der größte Industriebetrieb in Ost-Berlin. Für die Treptower war das EAW auch kulturelles Zentrum, zu dem 1971, nach der Kombinatsbildung, 18 Betriebe gehörten. Mit der Abwicklung 1990 endete ein Stück Ortsgeschichte.

Die Grundstücke wurden verkauft, 43.000 Quadratmeter an die Allianz, die hier direkt an der Spree ein imposantes Büro- und Dienstleistungszentrum baute. Zum Teil nutzt sie es selbst für ihre Berliner Niederlassung, zum Teil dürfen sich Mieter an dem Blick über Berlin erfreuen. Bodenständig und himmelstürmend zugleich

Das neue Tor zum Bezirk: Die Treptowers

nannte man das Ensemble mit dem höchsten Büroturm Berlins »Die Treptowers«. Es ist inzwischen mit seiner markanten Silhouette zum neuen Wahrzeichen Treptows avanciert. Eindrucksvoll markiert es hier, an der ehemaligen Grenze zwischen Berlin und Köllnischer Heide, das Tor zum Bezirk.

Es bleibt zu hoffen, daß in der Geschichte, die nun an diesem Ort beginnt, weder Überschwemmungen noch sonstige Katastrophen Treptow heimsuchen.

Aus dieser Perspektive wirkt er höher als der Fernsehturm:
der Treptower

Zweiter Spaziergang

Treptower Park – Meyers grünes Vermächtnis

Zwischen S-Bahnhof und Karpfenteich

Viel Geld hatte die Stadt Berlin wohl nie; Menschen aber, die meinten, hier ihr Glück machen zu können oder Arbeit zu finden, zog sie magisch an. Es wurde enger und enger – der grüne Stadtrand rückte in immer weitere Ferne – und der Osten der Stadt wurde zur proletarischen East Side. Die zündende Idee hatte ein Mann namens Meyer. Wenn schon kein Geld, so besaß die Stadt doch immerhin viel flaches Land. Und möglicherweise kamen Meyer dabei auch die alten Römer in den Sinn: *Im Rom der Kaiser galten Gärten als Zeichen des Reichtums, denn wer sich in dieser vollbebauten Marmorstadt einen Garten leisten konnte, mußte viel Geld haben.* Ein Park also als Zeichen des Wohlstands!

18 Jahre vergingen mit Planen, Feilschen, Ändern, Streichen und Geld beschaffen, bis der Treptower Park 1888 den Berlinern gehörte. Gustav Meyer, Schöpfer und Initiator des Parks, erlebte die Eröffnung nicht mehr, er starb 1877. Doch hatte er bewirkt, daß das Parkgelände an der Spree rechtzeitig vom Magistrat gekauft wurde. So konnte das landschaftliche Kleinod erhalten bleiben, während die Spreeufer vom Osthafen bis Köpenick mit Industrieanlagen systematisch zugebaut wurden.

In der zweiten Hälfte des 19. Jahrhunderts trat an die Stelle fürstlicher Anlagen mehr und mehr der städtische Park. In Berlin wurden vier angelegt: der Friedrichshain, der Humboldthain, der Treptower Park und der Viktoriapark. Die ersten drei nach Plänen des Gärtners Johann Gustav Heinrich

Meyer. Das Spazieren auf breiten Alleen – die Menschen wollten gesehen werden – kam in Mode, und die hielt auch beim Volk Einzug. Meyer plante Grün für die Stadt, während James Hobrecht 1858 mit dem Bebauungsplan für Berlin die Grundlage für das *Steinerne Berlin* geschaffen hatte.

Meyer kam aus kleinen Verhältnissen und war Gärtner aus Leidenschaft. Er wurde engster Mitarbeiter des phantasievollen Gartenkünstlers Peter Joseph Lenné und großer Verehrer des Landschaftsgestalters Hermann von Pückler-Muskau, die beide einander in grimmiger Feindschaft verbunden waren. Meyer war jung, sehr begabt und hatte, anders als seine beiden geschätzten Lehrmeister, keine exzentrischen Neigungen. Lenné bezeichnet man heute als den ersten Vertreter einer städtischen Grünpolitik, Meyer jedoch war der Begründer der Volksparkbewegung. Im Mai 1870 wurde von den Berliner Stadtverordneten beschlossen, ihn zum Gartendirektor zu berufen. Meyers größtes Lebenswerk war der 84 Hektar umfassende Treptower Park. Hatten Friedrichshain und Humboldthain in ihren Begründungen noch Jubiläen zum Anlaß, wurde der Treptower als erster Volkspark *ohne Huldigung des Staates,* durch eigenen Beschluß des Magistrats allein für das Wohl der Stadt geschaffen.

Spazieren wir heute durch den Treptower Park, begegnet uns am Fuße des Sowjetischen Ehrenmals, am Rande der Liegewiese, der Gärtner Gustav Meyer in Form einer Büste. Freunde, Mitarbeiter und Schüler gaben sie nach seinem Tod 1877 beim Bildhauer Albert Manthe in Auftrag und finanzierten sie.

Der erste Entwurf Meyers für den Treptower Park wurde aus Kostengründen abgelehnt, man befürchtete Überschwemmungen. Meyers Plan sah allerdings schon die Aufschüttung von Wegen und Alleen vor: Das Material dazu stellte der Aushub eines Sees, des heutigen Karpfenteichs. Die große Spielwiese war als Mittelpunkt gedacht und sollte mit einer als Rasenbank dienenden Böschung umschlossen werden. Trotzdem, es blieb bei der Ablehnung, die ein Stadtverordneter auf den Punkt brachte: *Man wolle keine Anlage, wo man sich Wasserstiefel anziehen müsse, um sie passieren zu können.*

Die Genehmigungs- und Finanzierungsverfahren zogen sich viele Jahre hin.

1867 legte Meyer den zweiten Entwurf vor, der, nur wenig umgearbeitet, eigentlich der erste war. Statt Reduzierung erhielt er die Erweiterung durch einen dendrologischen Garten zur *Belehrung des Publikums und der Studierenden.* Dieser wurde erst nach dem Tod des Gartendirektors allerdings nicht in Treptow, sondern auf der Insel Scharfenberg im Tegeler See verwirklicht. Entwässerung und Überschwemmungsgefahr waren inzwischen kein Thema mehr, denn der neue Schifffahrtskanal entzog der Oberspree genügend Wasser. Auch dieser Plan blieb auf den Amtstischen liegen, wurde aber nicht abgelehnt. Die Zeit verging, Berlin kam in die Krise, gemeinhin Gründerkrach genannt.

1877 hatte Berlin als siebente Stadt der Welt die Millionengrenze überschritten. Die Einwohnerdichte stieg und übertraf die der Weltstadt London. Und so wuchs die Einsicht, der gewaltigen Ausbreitung Berlins im Südosten *einen Halt zu bieten und dem mächtigen Häusermeer neue Lungen zu schaffen.* 1871 wurde die Gesamtstrecke der Ringbahn eröffnet, das geplante Parkgelände zerschnitten, da wo heute der S-Bahnhof steht. Das Dreieck bis zum Schlesischen Busch war für den Park verloren. Meyer plante zur Verbindung *einen von Villen umsäumten Vorpark* am Treptower Weg (Puschkinallee) und drängte auf Arbeitsbeginn. 1880 wurde der Karpfenteich fertig, in den man Hechte setzte. Nachdem diese abgefischt waren, setzte man Karpfen in den Teich. Zur Erhaltung des Fischbestandes wurde jedem Pächter *der Einsatz von sechs Schock dreisömmrigen Karpfen zur Pflicht gemacht.*

Um die Parkanlage für die Berliner zugänglich zu machen, wurde der Treptower Weg chaussiert und eine Linie der Pferdebahn bis zum Gasthaus Zenner gelegt. Die *Pflanzung von ungewöhnlich großen Bäumen,* den Platanen, wurde damals sehr kritisiert. Wohl auch, weil man der Platane *die*

Erholung für Körper und Seele: der Karpfenteich im Treptower Park

bedenkliche Eigenschaft eines Hustenerregers nachsagte. Meyer setzte die »Platanen-Brücke« zwischen Treptower Park und Schlesischem Busch mit beidseitiger Villenbebauung durch. Diese Funktion ist heute nicht jedem Spaziergänger klar, und so wundert er sich vielleicht über das imposante grüne Gewölbe in der Puschkinallee.

Ursprünglich hatte Meyer einheimische und europäische Bäume und Sträucher vorgesehen. Doch mit den Fabrikanlagen an Spree und Landwehrkanal verschwanden die Gärten, und so wurden deren fremdländische Gehölze in den Park verpflanzt und sind noch heute zu bestaunen, wie der Götter- oder Himmelsbaum zwischen Karpfenteich und Ehrenmal, dessen gefiederte Blätter man als Tee gegen Lungenschwindsucht schätzte; oder der Essigbaum, mit dessen Holz die alten Griechen Wolle und Leder goldgelb gerbten und färbten und das die Spanier zur Herstellung feinsten Saffianleders gebrauchten. Die linsengroßen Früchte dagegen waren ein wirksames Mittel gegen Ruhr und Durchfall. Durchfahren durfte man den Park nicht. Erst 1892 wurde ein vom Bahnhof Treptow ausgehender Fußpfad zum Fahrweg umgewandelt, nachdem Fuhrwerksbesitzer den Wunsch geäußert hatten, *von ihrer Equipage aus auch die Schönheiten des Parkes genießen zu wollen.* Damit auch alle Verordnungen eingehalten wurden, wachten Wächter Tag und Nacht. Um junge Anpflanzungen gegen Hasen und Kaninchen zu schützen, unterhielten die Wächter in den kalten Winternächten große Feuer.

Als Gustav Meyer 1877 plötzlich starb, übernahm Hermann Mächtig, Schöpfer des Viktoriaparks in Kreuzberg, dessen Arbeit und führte sie in seinem Sinn zu Ende. 1888 wurde der Park offiziell eröffnet. Um die Jahrhundertwende entstanden an der Treptower Chaussee einige schmucke Mietvillen, der Straßenabschnitt am Park wurde zur Promenade verschönt und Am Treptower Park benannt. Zur Verwirklichung der Idee, hier eine Villenkolonie anzulegen, kam es nicht, der Sog in Richtung Westen war stärker.

Der Park befand sich in jugendlichem Zustand, als die Reichshauptstadt, süchtig nach Selbstdarstellung und Anerkennung, aufs internationale Parkett drängte. Pläne für Ausstellungen großen Ausmaßes wurden geschmiedet, die allesamt im Treptower Park stattfinden sollten. Schon 1888 hatte es das Projekt der Deutschen Nationalen Ausstellung gegeben, das aber wegen zu hoher Kosten aufgegeben wurde. Die Allgemeine Deutsche Landwirtschaftliche Wanderausstellung unter dem Protektorat des Prinzen Ludwig von Bayern 1894 wurde ein Riesenerfolg. Die Schau dauerte fünf Tage, danach war der Rasen hin.

Der Erfolg zerstreute alle Bedenken, und die Vertreter aus Industrie und Handel griffen nach den Sternen. Weltausstellung hieß das nächste Ziel. *Besonders ausstellungsfreudig zeigten sich die führenden Männer der jungen Weltstadt Berlin.* Die Stadt hielt den Atem an. Der Kaiser wohl auch, denn er machte dem Spuk der Jungdynamiker ein Ende. Das brachte zunächst Ernüchterung, Paris aber den Vorrang für die Weltausstellung. Ein neuer Plan fesselte schnell die Branche, die Berliner Gewerbeausstellung. Und die fand statt, im Sommer 1896.

Zunächst kam es zu einem erbitterten Streit um die Standortfrage: Witzleben oder Treptow. Monatelang kämpfte der Westen gegen den Osten um die Sympathie der öffentlichen Meinung. *Der in jeder Weise bevorzugte Westen mit seinen reichen Einwohnern bestritt dem inbezug auf Verkehrseinrichtungen, Beleuchtung, Pflaster, Kanalisation usw. vernachlässigten Osten, die große Zahl der fremden Gäste würdig empfangen zu können.*

Treptow erhielt dennoch den Zuschlag. Der Treptower Park überzeugte *durch seine unvergleichlich schöne Lage an der schiffbaren Oberspree,* gehörte er doch zu den schönsten in Europa.

In Treptow setzte eine fieberhafte Bauphase ein, fast jede Straße wurde gepflastert, Straßenbahnschienen, Leitungen für Wasser, Kanalisation und Gas wurden gelegt. Die Oberbaumbrücke sollte bis zur Eröffnung fertig werden. Seit 1894 wurde an ihr gebaut: Stein auf Stein mit rotem Backstein im märkisch-mittelalterlichen Stil, der in dieser Zeit zum Vorbild für unzählige Berliner Bauten wurde. Der Pulverturm aus der Prenzlauer Stadtbefestigung wurde hier gleich zweimal kopiert. An der Karpfenteichstraße richtete man extra einen Ausstellungsbahnhof ein. Eine über 200 Meter lange Fußgängerbrücke links neben der Straße führte vom Bahnhof über das Ausstellungskarree Kairo mit seinen begehbaren Pyramiden bis zum Eingang III. Rechts der Straße brachte eine elektrische Hochbahn den erstaunten Besucher zum Nordpol, an dessen rechter Flanke die Kolonialausstellung mit deutsch-afrikanischen Dörfern einschließlich dem »lebenden Inventar« zu sehen war. An der Straße zum Gasthaus Zenner wurden die ersten Graetz-Laternen installiert. Das elektrische Licht faszinierte jeden Besucher und war hier bestens plaziert. Treptow kam zu einem Renommee, von dem die Gemeinde nicht zu träumen gewagt hätte. Die Große

Berliner Straßenbahngesellschaft baute eine elektrifizierte Linie vom Zoo bis Treptow, die Treptower Chaussee wurde verbreitert und bekam Wiener Pflaster und Bordschwellen.

Der Ausstellungsentwurf stammte vom Architekten Karl Hoffacker und faszinierte durch Größe und Pomp, eine ganze Stadt war geplant. Hoffacker führte ihn zusammen mit den bekannten Architekten Bruno Schmitz und Hans Grisebach aus. Die vielen Einzelbauten übernahmen namhafte Baumeister, Hermann Blankenstein z.B., der erste Berliner Stadtbaurat. Mit der gärtnerischen Ausgestaltung wurde die damals weltbekannte Firma Späth aus Baumschulenweg beauftragt.

Der Spielplatz im Park wurde zum Neuen See geflutet, auf dem die verblüfften Gäste in venezianischen Gondeln von singenden Gondolieri sanft vom Haupt- und Industriegebäude – ein Traum im Stil der spanischen Frührenaissance – bis zum blütenweißen Riesenrestaurant am anderen Ufer geschaukelt wurden. Der Heidekampgraben war durch einen Kanal, der unter dem Restaurant hindurchführte, mit dem Neuen See verbunden und führte zum »Canale Grande«. Hier glaubte der Berliner, seinen Augen nicht zu trauen. Er gondelte direktemang nach Alt-Berlin: Spandauer Tor, Stadtgraben, Rathaus mit Weinrestaurant, die alte Gerichtslaube mit Pranger und Halseisen, Bastionen und Türme, Markt mit Giebelhäusern. Mensch Meyer, hat da sicher so mancher gedacht. Doch dem blieb der Anblick erspart!

»Alt-Berlin« – damals konnte man von dort bis zu den Pyramiden des Ausstellungsteils Kairo sehen – heißt heute noch ein kleines Restaurant an der Ecke Leibl-/Karpfenteichstraße.

Der grandiose Traum von einer großen Nation und Berlin als Weltstadtfaszination wurde hier gefeiert – auch wenn der Treptower Park dabei fast draufging. *Ein Klamottenhaufen, eine Sandwüste ohnegleichen ist hinter Drahtzäunen an die Stelle der frühlingsgrünen Auen getreten … Dutzende der prachtvollsten Bäume sind eingegangen … angefahren … an der Rinde schwer*

Panorama der Berliner Gewerbeausstellung von 1896

verletzt, hieß es in der Vossischen Zeitung noch im Mai 1897. Vertraglich war die Wiederherstellung des alten Parkzustands festgelegt.

Die Ausstellung schloß mit einem Milliardendefizit ab. Doch Treptows Ruf als Vorort-Perle war nichts mehr anzuhaben, und verspätete Ausstellungsattraktionen, wie die Inbetriebname des Spreetunnels, waren die beste Reklame.

Die Gemeinde Treptow wehrte sich vehement gegen den Erhalt auch nur einzelner Gebäude und forderte konsequent den Park zurück – und so geschah es. Von den phantastischen und exotischen Bauten blieb in Treptow nichts erhalten. Als in den 70er Jahren unseres Jahrhunderts zwischen der Puder- und Rethelstraße eine Kaufhalle gebaut wurde, stieß man auf Fundamente. Die schweren Pyramiden, die hier im Ausstellungsteil Kairo gestanden hatten, waren be-

gehbar und hatten ein Fundament erhalten im Gegensatz zu den meisten der Bauten.

Was blieb noch? Das Riesenfernrohr des Astronomen Friedrich Simon Archenhold. Es wurde Grundstock für die Treptower Volkssternwarte, deren Direktor Archenhold bis 1931 war. Die Aufstellung des Riesenfernrohrs in der Ausstellung verzögerte sich wegen kostspieliger Fundamentierungsarbeiten und zählte nicht zu den Eröffnungsattraktionen. Statt des teuren Kuppelbaus, in dem das 21 Meter lange Rohr verschwinden sollte, wurde es nur mit einem Metallmantel umschlossen. Das Rohr war so beweglicher und blieb draußen, auch, als 1908/09 der Holzbau durch einen Steinbau ersetzt wurde. Die Sternwarte, nun mit Hörsaal und Bibliothek, wurde zu einem bedeutenden wissenschaftlichen Zentrum, in dem Albert Einstein im Juni 1915 für den Verein der Freunde der Treptower Sternwarte den ersten öffentlichen Vortrag über die spezielle Relativitätstheorie hielt. Die populärwissenschaftliche Arbeit Archenholds setzte sein Sohn Günther Hermann Archenhold in der Sternwarte fort, bis er 1936 als »nichtarischer Christ« diesen Posten verlor. Die DDR benannte die Sternwarte nach ihrem Begründer und behielt das Konzept Archenholds einer populärwissenschaftlichen Bildungs- und Veranstaltungsstätte bei.

Die Wiese, auf der jetzt die Observatorien der Sternwarte stehen, war damals geflutet und diente der Vorführung von Marineschauspielen – Manöver mit Modellbooten.

Auf einer der Spreeinseln hatte die Ausstellungsleitung ein Restaurant als schottische Klosterruine bauen lassen, das jedoch erst 1897 eröffnet und vornehm geführt wurde, 1914 dann fast abbrannte. Das seitdem Abteiinsel genannte Eiland bekam 1916 die längst projektierte Brücke zum Treptower Festland. In kühnem Bogen, so daß die größten Sterndampfer ohne Umlegen der Schornsteine passieren konnten, wurde die Eisenbetonbrücke von französischen Kriegsgefangenen gebaut und mit Türmchen bestückt fürs romantische Ambiente. Seit 1949 nannte man das Eiland Insel der Jugend. Einsam und fern jeder »Zivilisation«, wurde sie in der DDR u.a. zu einem der Standorte für Rock-Konzerte. 1995 wurde die 20.000 Quadratmeter große Insel neugestaltet und zurückbenannt in Abtei-Insel. Die Jugendprojekte werden fortgesetzt unter der Regie des Arbeitskreises Medienpädagogik.

Da wo die Brücke zur Insel führt, beginnt der Plänterwald. Gartendirektor Meyer hatte die Anpflanzung von Gehölzen angeregt, die Berlin dringend benötigte, wollte die Stadt ihre Pläne für Gartenstädte, neue Straßen und Alleen realisieren. Die Importe waren teuer, und der Bedarf stieg. Für die Beforstung schlug er den Plänterbetrieb vor, bei dem ältere Bäume gelichtet werden. Das »Plântern« gab dem Waldstück den Namen. Die älteste Plänterwaldpromenade, der Poetensteig, führte schon lange vorher die Spaziergänger zum Eierhäuschen, eine beliebte Waldgaststätte. Ursprünglich stand

Auch ein TrepTower: Manfred Bofinger

an dieser Stelle die Blockhütte des Parkwächters, der nebenbei frische Eier verkaufte. Da wirds den Spaziergänger denn in Zukunft wohl nicht wundern, wenn zwischen Eierhäuschen und Eierschale auch noch Hühner gackern.

Seit dem Frühjahr 1898 wurde der Treptower Park dann endlich von der Berliner Bevölkerung genutzt, so wie Meyer es sich vorgestellt hatte. Und die kam in Scharen. Die Wiesen wurden abschnittweise zur Benutzung freigegeben und täglich gewässert, denn sie waren plattgelegen. Verbotsschilder auf den Rasenflächen, eingefaßt mit dem sogenannten Tiergartengitter, fehlten. Ein Wächter »ging um« und vertrieb die »Wiesenlatscher« mit einem Stock. Wächter Dunkel, so erzählt man, der auch nach 1945 noch für Ordnung sorgte, kämpfte für den Erhalt der Wiesen auch dadurch, daß er mit einem kleinen Spaten, den er stets bei sich trug, Maulwürfe ausgrub. Die waren im guten Humusboden sehr aktiv und ließen sich gut verkaufen – sagt man. Fahrradfahren im Park war auch nicht erlaubt, bis auf einen Fahrradweg zwischen Karpfenteich- und Parkstraße. 1901 übernahm der Cafétier Ernst Bauer die kleine Konditorei in der Erfrischungshalle am Teich, baute großzügig aus und um; so konnte man über sein Etablissement lesen ... *es muß zugegeben werden, daß es sich hier ohne den Pomp des Tiergartenrestaurants ebenso gemütlich ... beim Mondenschein, Laternenschimmer und Froschmusik sitzt.*

Ländliche Stimmung kam auf, wenn, wie in den 20er Jahren, sechs Mäher in einer Reihe auf Hockern saßen und die Wiesen mähten. Ende der 30er Jahre steigerte sich die Stimmung zur Idylle. Schafherden kamen mit ihrem Schäfer vom Tempelhofer Feld gewandert, fraßen die Parkwiesen ab und wanderten weiter.

Es trügt der Schein, nach dem der Park ausschließlich die Sehnsüchte der Menschen nach Harmonie und Wohlergehen befriedigte. Der Treptower Park war vor und nach dem Ersten Weltkrieg einer der Treffpunkte der Berliner Arbeiterbewegung, die seit Anfang des Jahrhunderts zur Massenbewegung wurde. Es war die Zeit der Großkundgebungen, Demonstrationen und Massenstreiks, an denen Hunderttausende teilnahmen. Im Osten der Stadt befand sich das Gros der Industrie, hier lebte die Arbeiterschaft. Kaum ein Raum war groß genug für ihre Zusammenkünfte. Man traf sich in den riesigen Biergärten der Brauereien, später in den umgebauten Saalbauten oder im Freien. Der Treptower Park war für Massenveranstaltungen, ob mit politischem oder Volksfestcharakter, bestens geeignet. Sein Name wurde für die Menschen, die um Gleichheit und Anerkennung kämpften, so etwas wie ein Symbol und für führende und bekannte Politiker ein wichtiger Auftrittsort. Zu den Höhepunkten gehörten u.a. der Wahlrechtsspaziergang vom 5. März 1910 und die Demonstration »Gegen Kriegshetze! Für Völkerfrieden!« vom 3. September 1911 mit über 200.000 Berlinern. Auf den Parkwiesen fanden die vielbeachteten Sportfeste der

Arbeiter-Sport- und Turnbewegung statt. Mit Turnvorführungen, Spielen und dem Motto »Turner auf zum Streite« warb der 1890 gegründete Fichte-Turnverein.

1950 im Mai trafen sich hier beim ersten Deutschlandtreffen der Freien Deutschen Jugend Tausende aus ganz Deutschland, und 1951 wurden die Treptower Wiesen zur Stätte der Begegnung der III. Weltfestspiele der Jugend und Studenten. Für die X. Weltfestspiele 1973 wurde der Rosengarten angelegt. Als sich nach 1945 international immer mehr Bildhauer für Ausstellungen in der Landschaft einsetzten, legte man 1957 im Park den Grundstein für eine langjährige Tradition, die Kunstausstellung »Plastik und Blumen«. Bis 1988 wurde sie fünfzehnmal durchgeführt und war, auch für ausländische Künstler, ein spannendes und ehrgeiziges Bildhauer-Forum. Manches wurde angekauft, ist im Park und in der Stadt zu sehen.

Von Achim Kühn, Metallgestalter in Altglienicke, stammen die Festivalblume und die Klingende Blume auf dem Bahnhofsvorplatz, von Theo Balden die Archenhold-Büste, von Heinrich Drake Stier und Ponyhengst, um nur einige zu nennen.

Ein ungewöhnliches Kunsterlebnis erwartet den Parkbesucher jenseits der Puschkinallee. Da, wo Meyers hippodromartige Spielwiese lag, befindet sich auf einer Fläche von neun Hektar das Sowjetische Ehrenmal – eine der drei innerstädtischen Mahn- und Gedenkstätten aus der unmittelbaren Nachkriegszeit – für Millionen sowjetischer Kriegsopfer zum Gedenken und für Millionen Überlebender wider das Vergessen.

Als im Herbst 1946 der Sonderstab für Gedenkstättenbau in Berlin mit A.G. Kotikow, dem Nachfolger von Stadtkommandant Bersarin, und Vertretern der KPD auf die Suche nach geeigneten Standorten für monumentale Grab- und Gedenkstätten ging, fiel die Wahl auf die Spielwiese im Treptower Park und die Schönholzer Heide. Dem Sonderstab stand der Ingenieur und Major G.L. Krawzow vor, der den

Bau der Ehrenmale in Berlin-Tiergarten und auf den Seelower Höhen an der Oder geleitet hatte. Schon bei der Umbettung sowjetischer gefallener Soldaten in die Sowjetische Besatzungszone (SBZ) 1945 und 1946 waren einige Tausend im Treptower Park begraben worden. Mitglieder der KPD hatten im Park, heute rechts hinter den Sarkophagen, einen Gedenkstein aufgestellt, der am 1. Mai 1946 eingeweiht wurde.

Für das Ehrenmal wurde ein Wettbewerb ausgeschrieben, an dem sich auch Deutsche beteiligten. Von ungefähr 50 eingereichten Entwürfen wurde der des sowjetischen Teams – Jakow Belopolski, Architekt; Jewgeni Wutschetitsch, Bildhauer; Alexander Gorpenko, Maler und Sarra Walerius, Ingenieurin – am 4. Juni 1947 für Treptow ausgewählt, ein anderer für die Schönholzer Heide.

Thema war die Darstellung des Großen Vaterländischen Krieges, wie in der Sowjetunion der Verteidigungskrieg von 1941 bis 1945 genannt wurde. Im Mittelpunkt sollte die Trauer über den Verlust von Menschen und Landschaften, von Würde und Achtung, von Moral und Kultur stehen.

Die Traditionen der Völker, mit Trauer umzugehen, sind unterschiedlich. Trauerarbeit ist vielerorts Teil lebendiger Kulturgeschichte – auch im damaligen Vielvölkerstaat Sowjetunion. In der deutschen Kultur gibt es weder Klageweiber noch eine Klagemauer. Trauer als Erlebnis ist in unserer Kulturtradition nicht verankert. *Die Unfähigkeit zu trauern* ist in Deutschland nach dem Zweiten Weltkrieg thematisiert worden. Aus diesem Mangel wird häufig das Ehrenmal künstlerisch oder politisch *bewertet.* Es stellt nicht die Frage nach der Schuld oder einer Schuldzuweisung, es erzählt die Geschichte eines Volkes, nicht aber die seiner Machthaber, mit Mitteln der ihm eigenen Kulturtradition.

Mit seinen Steinmassen will das Ehrenmal die Unmäßigkeit des Leids, die Unmäßigkeit der Gewalt und Kraft, die zur Überwindung des Übels aufgebracht werden mußten, darstellen, und es feiert den Sieg und das Ende einer grausamen Diktatur, die langfristig weltweit ausgedehnt werden sollte –

verbunden mit dem Angebot an das Volk, aus dem die Täter kamen, sich gemeinsam für ein Nie wieder! einzusetzen.

Auf der Suche nach Vorbildern, auch in anderen Ländern, stellte das Gestalterteam fest, daß es keine gab. Verherrlicht wurden Kriege, Schlachten, Siege und Generäle, von denen mehr als Soldaten am Leben blieben, mit Bauten, Säulen, Ehrenhallen. Kein Kunstwerk, das der Trauer und dem Schmerz über den Verlust ein Denkmal setzt. Anders in der Musik, sie hat einen Ausdruck gefunden, das Requiem. Schostakowitsch hat mit seiner 13. Symphonie dem Sterben von 33.771 jüdischen Kindern, Frauen und Männern, erschossen an zwei Septembertagen 1941 im ukrainischen Tal von Babij Jar, ein Requiem gewidmet.

Die Gestalter in Treptow entschieden sich für ein Ehrenmal nach musikalischem Aufbau, eine Trauerhymne – und für eine Leidensgeschichte, an deren Anfang und Ende die Mutter steht. Mit ihr beginnt im Treptower Ehrenmal der Weg zum Schicksal von Söhnen, Vätern und Männern, Kindern und Frauen, die von Rußland bis Usbekistan ihre Heimat verteidigten. Im Zentrum steht die Vernichtung des Grauens, symbolisiert durch einen Rotarmisten. Auf seinem Arm hält er ein deutsches Kind – eine verblüffend souveräne Geste für die Entwurfszeit 1947. Den Schlußakkord setzt die Mutter, sie ist allein mit ihrer Trauer.

Die Komposition ist eine Einheit aus Skulptur, Architektur und Landschaft, Symbol eines Lebensraums für einen Lebensabschnitt – eingerahmt von Meyers Platanenhain. Der Grundriß des Parks wurde bis auf eine Wegführung nicht verändert. Die symbolischen Gemeinschaftsgräber befinden sich in der tiefen Ebene der Spielwiese, die Meyer mit Terrassen umgab. Architekt Belopolski orientierte sich an Carlo Iwanowitsch Rossi, dem Schinkel Rußlands, der das Stadtbild von Sankt Petersburg entscheidend mitgeprägt hatte. Die zu beiden Seiten aufgestellten 16 Sarkophage stehen für die Zahl der damaligen Unionsrepubliken und erzählen in Reliefdarstellungen die Geschichte des Krieges. Das Mausoleum steht auf einem Kurgan. So bezeichnet man im Dongebiet die uralten Begräbnishügel. Die Texte Stalins an den Stirnseiten sind für den Gesamteindruck unbedeutend.

Die Anpflanzung und Begrünung übernahm die bekannte Firma Späth aus Baumschulenweg. Sie pflanzte vorrangig Birken und Blaufichten, russische Nationalbäume. Der Park war im Krieg kaum zerstört, jedoch auch kaum gepflegt worden, so daß Bäume gefällt werden mußten, deren Stubben und Geäste sich die Berliner zum Heizen holten.

Der Treptower Park gehörte zu den ersten Großbaustellen in der Nachkriegszeit. Zufahrtstraßen und Anschlußgleise wurden gelegt, 200 Steinmetze meißelten und polierten in den Baracken oder unter freiem Himmel. Zusammen mit 90 Bildhauern führten sie Wutschetitschs Entwürfe aus. Nur das Entwurfsteam bestand aus Russen. Maurer, Ingenieure, Handwerker meldeten sich in der Kaserne an der Elsenstraße. Hier hatte, wie schon erwähnt, die sowjetische Denkmals-Bauverwaltung ihren Sitz, und sie war Sammelstelle und Wohnquartier für viele Arbeiter. Im Hauptgebäude wurden die grafischen Arbeiten ausgeführt. Der Baustab war zusammengewürfelt, die Einstellung erfolgte bei der Philipp Holzmann AG oder Baufirmen wie Boswau & Knauer, Grüner & Bilfinger, die Verträge mit dem Sonderstab hatten. Zeitweise gab es 1.500 Beschäftigte. Viele Berliner und andere Firmen bekamen hier ihren ersten Produktionsschub nach Kriegsende, Lehrlinge machten ihren Abschluß, Steinsetzer und Steinmetze ihre ersten praktischen Erfahrungen. Für besondere Leistungen gab es Sachprämien, Anzug- und Kleiderstoffe oder Schuhe. Begehrt war das »Kotikow-Essen«, eine Zusatzration. Die Zusammenarbeit zwischen Deutschen und Russen war eng und sie war gut, berichten heute ehemals dort Beschäftigte.

Die Aufträge für das Ehrenmal waren begehrt. Die Betriebe waren dem Schutz der Besatzungsmacht unterstellt, bekamen extra Lebensmittel und konnten der Demontage und dem Abtransport in die Sowjetunion entgehen. Aus den Steinbrüchen des Granitwerks Arnsdorf kam Rohmaterial wie auch der 50-Tonnen Block für die Skulptur der Mutter Heimat, die Steinbrüche in Häslich bei Kamenz lieferten die großen Bodengranitplatten, von der Firma Kumpf & Co. in Löbau wurden aus schwedischem Granit die Fahnen vorgefertigt. Kies kam u.a. aus Templin und auf Lastkähnen im Osthafen an und wurde teilweise durch Kreuzberg im Amerikanischen Sektor zum Park gebracht. Als die Strecke 1948 nicht mehr befahren werden konnte, legten die Kähne bei Zenner an, wo das Löschen ohne Kaimauern schwierig war.

Unmengen von Steinmaterial wurden transportiert, 40.000 Kubikmeter Granit verarbeitet. Der Verschleiß an Werkzeug war enorm. Mangels Stahl fertigte man es teils aus Panzerketten oder Flakgeschützrohren. Die ersten Granitblöcke und Marmorplatten wurden aus den Sälen der Reichskanzlei Hitlers, den teilweise zerstörten Amtsgebäuden, aus Villen führender Funktionäre und Industrieller gebrochen. Östlich der Oder hatten die Russen bei ihrem Vormarsch 1945 ein Steindepot entdeckt, das für die Errichtung eines Triumphbogens in Moskau vorgesehen war. 20.000 Kubikmeter bearbeiteter Granitquader hatte man im Hafengelände von Fürstenwalde am Oder-Spree-Kanal entdeckt: rote schwedische Granite wie Balmoral, Vanevik, Wirbo und Labrador, graue Granite aus Sachsen, Schlesien und dem Fichtelgebirge. Das Lager war für die Realisierung der Hauptstadtpläne angelegt worden. An führende Firmen der Steinindustrie in Norwegen, Schweden u.a. Länder waren Aufträge ergangen, die im September 1941 noch aufgestockt worden waren.

Wutschetitsch, der übrigens an der Rostower Kunstschule studiert und später einen Lehrstuhl an der Moskauer Akademie hatte, schuf die Bronzeplastik »Schmieden wir die Schwerter zu Pflügen um«, ein Geschenk der UdSSR an die UNO, die seit 1957 in New York steht.

Bildhauer Wutschetitsch und Architekt Belopolski wohnten während der Arbeit am Ehrenmal in der Treptower Karpfenteichstraße 15/16 zur Untermiete. Das Haus, eine der vornehmen großen Mietvillen gegenüber dem Park, gehörte der Mosaikfirma Puhl & Wagner. Sie hatte für das Mausoleum auf dem Kurgan die Mosaikwand in 8.000 Farbtönen gesetzt und die Kuppelscheitelschale mit dem Siegesorden der UdSSR aus der Kristallinse eines deutschen Flakscheinwerfers gefertigt. Das Gitter am Eingang des Mausoleums wurde erst angebracht, nachdem immer mehr Mosaiksteine verschwunden waren.

Von den vier figürlichen Skulpturen sind die drei männlichen aus Bronze, gegossen in der Eisengießerei Lauchhammer, der Berliner Eisengießerei Noack und den Leningrader Kirow-Werken. Aus Stein gehauen ist die Mutter Erde.

Am 8. Mai 1949 wurden das Ehrenmal und der Friedhof für mehr als 5.000 Militärangehörige eingeweiht und am 2. September die Verantwortung an den Magistrat übertragen. Es erfolgte die Übergabe eines Buches mit den Namen der Toten, die identifiziert werden konnten.

Dritter Spaziergang

Baumschulenweg – Wo Berlins Bäume wachsen

Rechts und links der Baumschulenstraße

Setzt man seine Stadtwanderung fort, so am besten mit Hilfe der S-Bahn. Bis auf Bohnsdorf haben alle Ortsteile namentlich eine eigene S-Bahnstation. Sie liegen wie aufgereiht rechts und links der Eisenbahnlinie und der Ausfallstraße, die beide, einträchtig nebeneinander und gradlinig, den Bezirk durchlaufen – aus verkehrstechnischer Sicht das »Rückgrat« des Bezirks. Die Entwicklung von Haltepunkten der Berlin-Görlitzer-Eisenbahn zu S-Bahnhöfen der Stadtbahn und der Wandel der Stationsnamen ist Teil der Ortsgeschichte.

Der S-Bahnstation Treptower Park folgt Plänterwald. Sieht man von den unterhaltsamen Plätzen wie Spreepark oder Eierhäuschen im Plänterwald einmal ab, ist der Bahnhofsvorplatz der gemütlichste des Quartiers. Fliegende Händler in bunten Buden bieten vom Hosenknopf bis Blumentopf 1.000 kleine Dinge an und gruppieren sich um eine grüne Mitte, auf der seit 1962 ein Tanzpaar aus Bronze von Ingeborg Hunzinger steht. Ingeborg Hunzinger ist eine Berliner Bildhauerin, deren Skulpturen zur Berliner Stadtkunst gehören. 1995 wurde ihr Steinensemble zur Erinnerung an den Frauenprotest 1943 in der Rosenstraße, Berlin-Mitte, dort aufgestellt. Sie selbst mußte, da jüdischer Herkunft, lange in der Emigration leben.

Steht man oben auf dem zugigen Bahnsteig von Plänterwald, hat man westwärts eine weite Sicht über Kleingärten, die sich bis nach Neukölln erstrecken. In den 70er Jahren konnte man von hier oben das Wachsen der schneeweißen

Hochhaussiedlung im Westen (Neukölln) beobachten. Das war zum Greifen nahe und vermittelte die Illusion, daß die Mauer, die unsichtbar irgendwo zwischen den Gärten stand, nicht da war; und die geteilte Stadt verschwand für Augenblicke – bis die S-Bahn kam. Viele, die auf dieser Strecke umsteigen mußten, taten es hier, und das Gros der Wartenden stand frontal nach Westen gewandt. Das Aufeinanderschichten der damals strahlendweißen Blöcke an der Aronsstraße/Sonnenallee, die sich massig in den Himmel schoben, war faszinierend.

1720 eröffnete Christoph Späth eine Gärtnerei vor dem Halleschen Tor, da wo heute die Heilig Kreuz-Kirche in Kreuzberg steht. 1760 zog der Sohn Carl Späth an die noch unbebaute Köpenicker Straße am Schlesischen Tor. Der Gartenbau erlebte unter König Friedrich II. einen bedeutsamen Aufschwung. Der allgemeine Druck zur enthaltsamen Lebensweise, den Friedrich Wilhelm I. ausgeübt hatte, wich einer wahren Blütezeit. Obwohl, Christoph Späth hatte sich ganz auf Gemüse eingestellt, denn Friedrich Wilhelm I. war ein Freund der Rohkost, und wenn er nach staubigem Ritt vom Exerzieren auf dem Tempelhofer Feld die Gärtnerei besuchte, zog er sich Mohrrüben aus den Beeten und trank frisch gemolkene Milch dazu. Auch war es seine Idee, Seidenraupen zu züchten und er befahl, *alle Friedhöfe damit* (mit Maulbeerbäumen) *zu bepflanzen.* Friedrich II. trieb die Seidenraupenzucht zwar voran, Erfolg brachten die Raupen nicht. Siedeln und pflanzen war seine Devise. Dorfbaumschulen und Kreisbaumschulen wurden gegründet, der Kreisgärtner unterrichtete die Dorfbewohner, die wiederum Obstkerne sammeln und abliefern mußten. Grün bekam Gewicht wie nie zuvor, Gärten sprossen hinter den Katen und wurden rund um die Schlösser zu ästhetischen Lustbarkeiten.

Die Späths blieben durch alle Generationen bescheidene Leute, während sie ihr Unternehmen stetig ausweiteten. Erst Franz Späth machte der Sparsamkeit ein Ende, er war der erste, der studierte und das im Ausland. Den Entschluß, die

Villa Späth an der Späthstraße

Gärtnerei zu einer Baumschule zu erweitern, setzte er 1864 in die Tat um. Auf dem väterlichen Besitz in Neu-Britz gründete er die Baumschule und benannte sie nicht, wie bis dahin üblich, nach dem Inhaber, sondern nach seinem Vater Ludwig Späth. Der Firmenname L. Späth, bis heute erhalten, ist also nicht identisch mit dem Gründer der Baumschule. Ludwig Späth beäugte die Umtriebigkeit seines Sohnes skeptisch. *Die Unsitte der Hast ruiniert mehr Existenzen, als man ahnt. Die geruhsamen Menschen aber halten das Leben in starken Händen* – meinte er, der 91 wurde und am meisten darüber staunte, wie der Sohn die Riesenflächen vom Unkraut freihielt. Franz Späth züchtete von Anfang an auch für den Export. In Rußland, Frankreich, Belgien sollte die Firma langjährige Partner haben.

1874 ließ er sich das Herrenhaus an der Späthstraße bauen, heute eines der seltenen Beispiele für einen schlichten spätklassizistischen Baustil. Der Garten besteht aus einem Arboretum, das Gustav Meyer gestaltete und, seit 1879, einem Rosarium. Das schräg gegenüberliegende Backsteinhaus Nummer 87/88 ließ er in der Köpenicker Straße abtragen und in Baumschulenweg wieder aufbauen. Für die wissenschaftliche Arbeit wurde 1891 eine dendrologische Abteilung eingerichtet. Um 1900 besaß Franz Späth die größte Baumschule mit dem umfangreichsten Pflanzenangebot der Welt – Sitz in Baumschulenweg.

Sie lieferte überwiegend Bäume für die neuen Chausseen im Berliner Umland, aber auch exotische Gewächse, beispielsweise für die Margareteninsel in Budapest, ein landschaftliches Kleinod und Künstlertreffpunkt bis zum Ersten Weltkrieg. 1863 wurde dort zu Ehren Richard Wagners ein großes Fest veranstaltet. Die von Späth gepflanzten Rhododendronbüsche blühen noch heute jeden Sommer. In Wien stattete er den Garten von Richard Strauß aus, und in Bohnsdorf schenkte die Firma 1916 der Gemeindeschule zur Eröffnung in der Dahmestraße Bäume für den Schulhof. In der Kiefholzstraße ließ die Firma einen Kindergarten einrichten. Prominente Politiker wie Reichskanzler von Bismarck und Graf Moltke pflanzten Gedenkbäume im Arboretum. Franz Späth erhielt Orden, Auszeichnungen und Titel, die Späthstraße wurde noch zu seinen Lebzeiten nach ihm benannt. Die Baumschule umfaßte 2.000 Morgen Grundbesitz und hatte international einen anerkannten Ruf als Ausbildungsstätte mit einer Reihe hervorragender Fachleute. 1912 übernahm Hellmut Späth das Unternehmen. Auch er war ein gefragter Wissenschaftler, ob als Preisrichter bei Gartenbau-Ausstellungen in London und Petersburg oder bei den Bestrebungen, die Lehr- und Forschungsanstalt für Gartenbau in Berlin-Dahlem zu einer Hochschule auszubauen. Er vergrößerte die Baumschule mit einer neuen Anlage bei Ketzin, denn die Nachfrage stieg mit dem allgemeinen Aufschwung. Aber aus den Schornsteinen des nahen Industriestandortes an der Spree quoll auch immer mehr Rauch – ein Problem für die Bäume. Mit der Bebauung kam die Wasserregulierung, und mit dem Bau des Teltowkanals sank der Grundwasserspiegel noch einmal erheblich.

Die Parkanlagen in Berlin und den westlichen Vorortgemeinden wurden neu und prächtig gestaltet. Zehntausende von Bauern wurden in den Provinzen Westpreußen und Posen angesiedelt und erhielten unentgeltlich Obstbäume. Die Firma Späth war langjähriger Lieferant der Königlichen Ansiedlungskommission. Nach dem Ersten Weltkrieg unterhielt Hellmut Späth Handelsbeziehungen zur Sowjetunion und freundschaftliche zum abgedankten Kaiser Wilhelm II. in dessen Exil in Doorn.

Am 25. Juni 1943 wurde Hellmut Späth verhaftet, zum zweiten Mal in jenem Jahr. Die Begründung, verbotenen Umgang mit Juden zu pflegen, bezog sich vermutlich auf den Kontakt zu seinem Freund und Mitarbeiter Professor Werner Magnus. Späths Tochter aus erster Ehe war »Halbjüdin« und wurde dank seiner guten Verbindungen und seiner Parteizugehörigkeit zur NSDAP »arisiert«. Sie sollte die Firma übernehmen. Es kam anders und schlimmer. *Am 15. Februar*

Mit der BVG kommt man hier ans andere Ufer
nach Oberschöneweide

1945, um 18 Uhr 20 Min. wurde der Botaniker und Wissenschaftler Dr. Späth, Hellmut im Lager Sachsenhausen erschossen, informierte eine Berliner Zeitung Tage später.

1949 wurde die Firma L. Späth verstaatlicht. Seit 1961 werden die Villa, das Arboretum und der ehemalige Rosengarten vom Institut für Spezielle Botanik der Humboldt-Universität genutzt und die über 1.200 Gehölzsippen gepflegt. Die Erben mit Dr. Manfred Späth bemühten sich seit 1989 im Rahmen der Restitution um die Fortführung des Baumschulbetriebes. Im Februar 1997 erhielten sie die Baumschule mit dem Gartenzentrum rückübertragen. Dr. Manfred Späth und der Gartenbaufachmann Helmut Kückens werden die Tradition der Späth'schen Baumschulen mit Handel und Service fortführen.

Bald nach seinem Umzug auf die Britzer Wiesen hatte Franz Späth den Waldweg, der durch die Heide zur Spree führte, zur Verbindungsstraße bis an die Berlin-Grünauer Vorortbahn ausbauen lassen. Er benannte sie nach den Baumschulen, ebenso die Haltestelle, die auf sein Betreiben 1889 eingerichtet worden war. Als 1891 der Anschluß an die Stadtbahn erfolgte, setzte rund um den Bahnhof die erste Bebauungswelle ein, heute noch erkennbar am wilhelminischen Schmuck-Stil der bürgerlichen Mietshäuser. 1905 wurde die gesamte Gleistrasse aufgeschüttet, der Bahnhof mit klassizistischen Elementen und kleinen floralen Ornamenten neu gebaut. Heute wirkt er in seiner teutonischen Düsternis fast wie ein Stadttor. Das Wohnviertel wuchs bis zum Beginn des Ersten Weltkriegs zügiger als Treptow, und bei der Namensgebung votierten die Treptower Gemeindevertreter hartnäkkig für ihren Vorschlag Treptow-Südstadt. Doch die honorigen Ortsgründer setzten natürlich Baumschulenweg durch. Ein schmuckes Stadtviertel wurde gebaut und blieb unbehelligt von Fabrikhallen jeglicher Art. In den ersten 30 Jahren unseres Jahrhunderts entstand ein interessantes Sammelsurium aus architektonischen Experimenten vom einfachen Reihenhaus bis zur expressionistisch gestalteten Häuserzeile. Die Krönung ist die Kirche Zum Vaterhaus. Im bayerischen Neobarock zeigen sich nur die Türme, der gesamte Gebäudekomplex von Reinhardt & Süßenguth, den Architekten des Treptower Rathauses, mutet eher wie eine Kaserne an. Hier sind wir im Zentrum des Ortes. Und daß das auch belebt ist, dafür sorgt täglich, zumindest bis zum Feierabend, Kaiser's von gegenüber, alias Kaufhalle.

Im Jahr des Kirchenbaus, 1910/11, wurde offiziell die Feuerbestattung zugelassen, und die Stadt Berlin ließ im nördlichen Zipfel der Königsheide, an der Kiefholzstraße, einen Friedhof anlegen und das zweite Krematorium Berlins bau-

Der 1929/30 an der Baumschulen-/Ecke Köpenicker Landstraße erbaute Wohnhof mit Mietergärten

en. Nach jahrelangem baulichen Notstand – kriegszerstört war es 1952 wieder aufgebaut worden – wurde das Krematorium 1996 abgerissen. Hatten die Architekten Erich Bientz und Mathias Bardenheuer 1913 einen neoklassizistischen Zentralbau entworfen, so holte sich Architekt Axel Schultes, Preisträger des Entwurfs auch für das zukünftige Regierungsviertel im Spreebogen, seine Anregung für den Neubau einer Trauerhalle aus Ägypten.

Der Alte Friedhof – der Neue Friedhof wurde ab 1936 an der gegenüberliegenden Straßenseite angelegt – ist in einem grausigen Zustand. Man könnte meinen, die Bronzeskulptur »Die Trauernde« von Fritz Cremer auf dem Vorplatz trauere vor allem darüber. Sie ist ein Zweitguß einer der drei Sandsteinfiguren zum Denkmal für die Opfer des Faschismus in Wien, 1948 aufgestellt. Der Erstguß steht links in der Vorhalle des Alten Museums am Lustgarten.

Die meisten der historischen Friedhöfe und Kirchhöfe be-

Grabmal Zenner während der Abräumung des Friedhofs Neue Krugallee 1974

finden sich im Ostteil der Stadt und, trotz Bemühungen zu DDR-Zeiten, viele sind in alarmierendem Zustand.

Eine Vielzahl von Urnen, darunter etliche aus den 20er Jahren, sind für die unerschrockenen Stadtwanderer unter Ihnen auf Hunderten von Quadratmetern im Dickicht des Unterholzes aufzuspüren. Da, wo sie dem Bauzaun im Wege waren, wurden sie auf einen Haufen geschmissen, für den nun die Gartendenkmalpflege Bildhauer mit der Sichtung und einer möglichen Zuordnung beauftragen will.

Unbeschadet befindet sich links vom Krematorium die Familiengrabstätte der Mosaikfirma Wagner, unschwer zu erkennen an den kleinen Mosaikfeldern.

Unwiderbringlich verloren und eine Reminiszenz wert ist der ehemalige Friedhof an der Neuen Krugallee. Als 1876 die Stralauer auf ihrem Friedhof, auf dem auch die verstorbenen Treptower zur letzten Ruhe gebettet wurden, einen Treptower Selbstmörder nicht bestatten wollten, sah sich die Gemeinde gezwungen, einen Begräbnisplatz in Treptow einzurichten. Treptow war, wie schon erwähnt, seit diesem Jahr selbständige Gemeinde und baute auf Gemeindeland an der Neuen Krugallee ein erstes Amtshaus, im Laufe der Zeit drei Schulen und legte weiter südlich einen Friedhof an. Bestattet wurde vorrangig bis zur Eröffnung des Friedhofs an der Kiefholzstraße. So ruhte hier denn auch die Treptower Prominenz des 19. Jahrhunderts von A bis Zenner unter kunstvollen Grabdenkmalen aus Marmor und Granit. Zu den schönsten gehörte das der bekannten Gärtnerfamilie Mosisch (Mosischstraße). Der Guts- und Baumschulenbesitzer Eduard Mosisch war 1876 erster Amtsvorsteher gewesen und hatte damals die erste Gemeindevertretung Treptows geführt. Nach 1945 hatte man hier auch unzerstörte Urnen aus dem Pavillon der Feuerbestattung im Treptower Park plaziert. Errichtet zur Gewerbeausstellung 1896, waren dort die ersten Urnen in Regalen aufgestellt worden.

Ende der 70er Jahre wurde der unter Denkmalschutz stehende Friedhof abgeräumt für ein Seniorenheim, das 1981 eröffnet wurde. Bemühungen und Versuche einiger weniger Personen, so der Vorschlag des damaligen Ortschronisten Jürgen Krämer, das Denkmal Zenners auf das Gaststättengrundstück umzusetzen, blieben unbeachtet. Bevor die historischen Dokumente vernichtet und das edle und teure Material zu Kies zermahlen wurde, erhielt die damalige Steinmetz-PGH die Genehmigung, wiederverwendbare Steine abzutransportieren. Was sie natürlich tat, auch Steine waren rar. Außer einer umfangreichen Fotodokumentation von Jürgen Krämer ist nichts geblieben. Steht man jedoch vor dem Seniorenheim an der Neuen Krugallee, erkennt man an den Bäumen auf dem grünen Vorplatz die ehemalige Haupt- und Eingangsallee, die sich hinter dem Gebäude fortsetzt. Einige der heutigen Heimbewohner haben den Bau ihres Altersruhesitzes damals verfolgt und erinnern sich, *statt Sand waren hier nur Knochen.*

Vierter Spaziergang

Niederschöneweide – Vom breiten Ufer zum schmalen Ort

Zwischen Spree und Bundesstraße 96a

Niederschöneweide ist irgendwie schwer zu erfassen. Vielleicht deshalb, weil das, was sich diesseits der Spree ereignete, gleichzeitig auch jenseits in Oberschöneweide geschah – die Wucht der Industrieansiedlung schlug hier voll zu. Doch Oberschöneweide gehört schon lange zum Bezirk Köpenick, und Niederschöneweide bleibt, will man seine Geschichte erzählen, eingesperrt zwischen Spree und Eisenbahn, ein Landstrich maximal 700 Meter breit.

Niederschöneweide ist eine Ortsansiedlung, die als Gepäckstück von der Industrie hierhergeschleppt wurde und deren Geschicke Unternehmer in die Hand nahmen. Daran wird niemand zweifeln, der durch die Straßen wandert, wobei man schnell und häufig – Sackgasse! – am Wasser landet. Der Blick auf das gegenüberliegende Ufer, das es im eigentlichen Sinn nicht gibt, mit den alten und neuen Industriegiganten, dicht an dicht wie eine Front im Krieg, ist verblüffend. Die Vorstellung, in derselben Stadt zu sein, in der es den Gendarmenmarkt gibt, ist an dieser Stelle ungeheuer und macht traurig. Nur das Bewußtmachen der Vielseitigkeit eines Großstadtgebildes mag vielleicht eine mögliche und milde Art sein, sich diesem Arbeiterwohn- und Industriestandort zu nähern. Der Spree geht es nicht anders. Degradiert zum Transportmittel, begradigt und eingemauert, träumt sie möglicherweise von der guten alten Zeit, in der an ihren Ufern auf den weiten grünen Wiesen die Tuche zur Bleiche auslagen.

Niederschöneweider Idyll:
Flußlandschaft zwischen Treskow- und Stubenrauchbrücke

1834, zu Beginn des Fabrikzeitalters, ließen sich hier als erste die Kattundruckerei Wolff, deren Tuchherstellung sehr geschätzt war, und 1869 die englische Shoddy- und Wollwarenfabrik John Blackburn nieder. Wolff besaß da schon 13 Dampfmaschinen von 150 PS und 250 Angestellte. Zunehmend kauften Fabrikanten Grundstücke an der Oberspree, bauten Fabriken und sogar Villen. Sie waren es, die die Frage, seit der Gemeindeordnung von 1850 immer wieder diskutiert, ob das linke Spreeufer ein selbständiger oder einem anderen Kommunalbezirk anzuschließender Gemeindebezirk werden solle, in Richtung Selbständigkeit entschieden. So ließen sich ihre Interessen unkompliziert durchsetzen. Es war – wie heute – nur eine Frage der richtigen Leute in der richtigen Position. Ein Grundstein für den Industriestandort war gelegt.

Die Reichshauptstadt bekam nach der Reichsgründung neues Flair. Die Mode hielt Einzug, und an der Spree entstanden zusätzlich Großwäschereien und Reinigungsbetriebe. Das Dienstleistungsgewerbe erlebte seinen ersten Boom, und Niederschöneweide wuchs: 1858 waren es nur 80 Einwohner, 1875 schon 435. Ab 1871 siedelte die Firma Kunheim die Chemische Fabrik Kanne an. Sie bestand seit 1826 am Molkenmarkt und mußte wegen gesundheitsschädigender Produktion immer weiter ins Umland ausweichen. 1884/85 baute sie eine hochmoderne Großanlage und war lange Zeit Deutschlands größter Ammoniakproduzent.

1878 wurde der Gemeindebezirk Niederschöneweide gegründet. Die erste Gemeindevertretung bestand aus sechs Berliner Unternehmern und den drei Niederschöneweidern Moritz Buntzel, Mehlhändler, Eduard Essig, Gastwirt und Carl Buntzel, Guts- und Bleichereibesitzer, der bis 1892 auch Amtsvorsteher war. Die Familiendynastie der Buntzels war in Niederschöneweide ansässig bis auf eine Ausnahme, doch der begegnen wir in einem späteren Kapitel. Die Gemeinde gehörte zum Kreis Teltow, und die Königliche Regierung zu Potsdam spendierte ein Grundstück für ein Schulhaus. Das baute Robert Buntzel, der Bauunternehmer, wie auch das Backstein-Ensemble der Borussia-Brauerei, 1882–88, das man von der S-Bahn aus sieht.

Mit den Deutschen Messingwerken kam 1890 die Metall- und Schwerindustrie an die Spree, 1902 errichtete das Hüttenwerk Ginsberg einen Neubau neben der Lehmannschen Tuchfabrik an der Spree- und Fließstraße. Kohle und Schrott für die Hochöfen wurden über die Spree, die fertigen Produkte über den Schienenstrang des Hüttenwerkes zum Güterbahnhof (S-Bahnhof Betriebsbahnhof Schöneweide) transportiert.

Nach 1945 wurden die Berliner Metall-, Hütten- und Halbzeugwerke verstaatlicht und zum VEB BMHW zusammengeschlossen.

Doch noch war das Ufer nicht zugebaut, noch gab es Wiesen, durch die kleine Flüßchen zogen. Und es gab Versuche, wie andernorts auch, das Ausflugswesen zu etablieren. Das alte Gasthaus Neuer Krug nahe der heutigen Stubenrauchbrücke wurde von Pferd und Fuhrmann gern für eine Verschnaufpause genutzt. Als ab 1866 die Berlin-Görlitzer Eisenbahn die Transporte übernahm, ging der Neue Krug mit der Zeit und rüstete um zum Sommerlokal für Großstädter. Beliebt und besucht bis 1918, erinnert an die lustigen Gasthauszeiten heute nur die Neue Krugallee. Es schien wie ein Wettlauf. An den Ufern wimmelte es von Menschen in Bootshäusern und Badeanstalten, Gasthäusern und Gartenlokalen mit Namen wie Loreley oder Neptunshain, und daneben wuchs bedrohlich eine Fabrik nach der anderen. Der Ausflug Niederschöneweides in die Freizeitindustrie war kurz. Manche Kneipe blieb standhaft, wie das Café Sedan, bald eingekeilt von Werkshallen und Gestank. Die Uferlandschaft verwandelte sich kolossal, Brücken wurden gebaut. Die schönste war wohl der Kaisersteg – 1898 fertiggestellt – von der Hasselwerder zur Laufener Straße in Oberschöneweide. Mit Schwung und Schmiedeeisen schlug die Hängebrücke den Bogen über das Wasser, finanziert von der AEG in Oberschöneweide. Die Hasselwerder Straße, durch die nun die Arbeiter auf ihrem Weg vom Bahnhof in die Fabrik in Scharen zogen, avancierte zur Durchgangsstraße mit Geschäften und Restaurants, in denen sich nach der Eröffnung des Flugplatzes in Johannisthal auch Flieger trafen. Kurz vor Kriegsende wurde die Brücke von den Nazis gesprengt. Die beiden anderen sind die 1904 bzw. 1907/08 gebaute Treskow- und Stubenrauchbrücke.

Mit zunehmender Industrieansiedlung kamen Steuergelder in die Gemeindekasse, mit denen der längst fällige Fortschritt im Ort finanziert werden konnte: Straßen, Verkehr, Schulen, Rathaus und Wohnungen. Das Gemeindeamtsgebäude entstand seit 1888 gegenüber dem Bahnhof und ist mit seiner kubischen Grundform einem Renaissancepalazzo ähnlich. Im Zeitgeschmack der späteren Jahre, mittelalterlich

Der Kaisersteg um 1910

verspielt wie so viele Rathäuser in den Vorortgemeinden, entstanden in Niederschöneweide 1898/99 eine Schule, 1908 die Feuerwache. Damit war das Gemeindezentrum zunächst komplett und die Absicht deutlich, dieses an der Eisenbahn zu etablieren. Ergänzt wurde es in den 20er Jahren mit den expressionistischen Bauten für Postamt und AOK-Versicherung in der Fennstraße und der Friedenskirche im Stil der Neuen Sachlichkeit in der Britzer Straße. Es scheint, als will die Kirche, so wuchtig ist ihr Äußeres, den Anschluß an die sie umgebenden Industriebauten demonstrieren.

Die Einwohnerzahl stieg weiter an, um 1900 auf 2.421 und 1919 auf 9.611 Einwohner. Auf den Grundstücken, die nicht für Poduktionsgebäude und Werkhallen genutzt wurden, entstanden Wohnquartiere mit Hinterhöfen, dichtgedrängt. Eines der ältesten Beispiele ist in der Schnellerstraße 22 und 23 zu sehen. Noch kamen die meisten Arbeiter aus den umliegenden Orten, was sich mit zunehmendem Wohnungsbau änderte. Die Firma Kunheim baute, neben Werkswohnhäusern für ihre Werksbeamten, Mietwohnhäuser auf ihrem Fabrikgelände. Die Mieten waren preiswert, die Abhängigkeit vom Arbeitgeber/Vermieter groß.

Licht, Luft und Sonne im Wohnungsbau brachten die 20er Jahre. Der Ortskern und die Spreeufer waren zugebaut, doch der Beamten-Wohnungs-Verein erwarb trotzdem ein Grundstück an der Spree. Paul Mebes & Paul Emmerich, neben Bruno Taut die bekanntesten Berliner Wohnungsbauarchitekten, bauten 1932 die Spreesiedlung, ein lockeres Wohnquartier mit Bäumen und offenen Wohnhöfen zum Wasser, noch heute im Zentrum von Niederschöneweide die Krönung des Wohnungsbaus. Gegenüber ist der Hasselwerder Park eine Oase mit alten Bäumen, keine Insel mit Haselbäumen wie einstmals, aber mit Blick auf den Fluß und das Industriepanorama. Ein grüner und liebevoll gestalteter Uferweg führt heute den Spaziergänger oder Fahrradfahrer am Wasser entlang, an der Kaimauer schaukeln angetäute Motorboote, an Deck sitzen Damen mit Hütchen, Männer mit Bierflaschen – das Bild von Niederschöneweide beginnt zu kippen; man kann sich plötzlich sogar eine Wohnlandschaft vorstellen, eine der ungewöhnlichen Art – das wäre ja das richtige für Berlin.

Die Fabrikgelände werden hier schon systematisch abgeräumt und Pläne für Wohnparks gibt es auch. Also – abwarten!

Die Konzentration der Industrie hatte eine Konzentration der Arbeiter und ihrer politischen Organisationen zur Folge. Die Polarisierung war extrem. Wenn die Fabriken am Abend schlossen, blieben die Arbeiter mit ihren Familien im Ort sozusagen unter sich. Einer der bekanntesten Treffpunkte der KPD war das Restaurant zum Stern in der Brückenstraße und ein prominenter Gast der kommunistische Reichstagsabgeordnete Ernst Schneller. Er wohnte in der Berliner Straße, die zu DDR-Zeiten nach ihm – er wurde 1944 im KZ Sachsenhausen umgebracht – benannt wurde.

Während des Zweiten Weltkriegs wurde die Industrie im

Modernisierungsstilleben an der Schnellerstraße

Bezirk Treptow größtenteils auf Kriegsrüstung umgestellt. Die Arbeiter wurden Soldaten, ihre Arbeitsplätze zunehmend mit Kriegsgefangenen, neuen »fremdvölkischen Arbeitskräften« aus Frankreich, Belgien, Holland, Ostarbeitern aus Polen, Rußland, der Ukraine, KZ-Häftlingen und Juden besetzt. Untergebracht waren sie in dürftigen Barackenlagern, die häufig direkt auf dem Werksgelände, aber auch in Wohngebieten, errichtet wurden. 666 hat man bis 1995 für Berlin ermittelt, in Treptow und Köpenick allein über 100 plus fünf Außenstellen der KZ Sachsenhausen und Ravensbrück. Eins der Lager ist in der Britzer Straße in Niederschöneweide vollständig erhalten. 13 Steinbaracken, als Architekt wird Hans Freese genannt, wurden ab 1943 hier aufgestellt. Acht Millionen Menschen sollen insgesamt in den deutschen Lagern gelebt haben, bei den Nürnberger Prozessen sprach man sogar von 12 Millionen. Der Franzose François Cavanna war als Zwangsarbeiter bei der Graetz-AG tätig und in mehreren Treptower Lagern untergebracht. Er hat überlebt und seine

Erinnerungen aufgeschrieben. So kommt in das schwarze Kapitel, gefüllt mit Schweigen und Leere, ein wenig Licht. Als er einmal in der Tram einen Gestapobeamten ohrfeigte, wurde er verhaftet, auf dem Polizeirevier Baumschulenweg (Mörikestraße) festgehalten und am nächsten Tag zu seiner Überraschung wieder freigelassen. *Die Männer von der Schutzpolizei ... können die Typen von der Gestapo nicht leiden, die hochnäsig auf sie herabblicken, ihnen die interessantesten Fälle wegschnappen und sie auf die Verkehrsregelung verweisen. Sie haben, wie alle, Angst vor denen, werfen ihnen aber nur allzu gerne Knüppel zwischen die Beine, und das ist dein Glück. Die haben sich vielleicht eins gejeckt, als sie gesehen haben, wie du den Vollidioten zugerichtet hast! ...* Cavanna war nach 1945 einer der bekanntesten französischen Satiriker.

Der Bezirk Treptow wurde seit den 20er Jahren von der SPD regiert. Nach 1933 organisierten sich Widerstandsgruppen in den Fabriken und bauten ein Netzwerk – auch zu den Insassen der Treptower Fremdarbeiterlager – aus, das durch Untertauchen, Verhaftungen, Todesurteile ständig neu geknüpft werden mußte. Phantasie für stets neue Tarnungen war vonnöten. Für alle, die im Untergrund arbeiteten, ging es fast immer um Leben und Tod. In Baumschulenweg wurden etliche Trauerfeiern zu stummen Protestaktionen in einer Zeit, da offene Demonstration längst nicht mehr möglich war, Treffen im Eierhäuschen wurden als Gesangsabende getarnt und Wanderungen in Altglienicke und Bohnsdorf für Absprachen veranstaltet. Die Zahl der kleinen und großen, privaten und organisierten Gruppen von Menschen, die sich im Treptower Ballungsgebiet für Menschlichkeit engagierten, ist ungeheuer groß und ein Teil der Ortsgeschichte.

Als Bertolt Brecht 1948 aus dem amerikanischen Exil zurückkehrte, stellte er fest: *Berlin, der Schutthaufen bei Potsdam.* Treptow baute wieder auf, dabei sollte Brecht ebenfalls eine Rolle spielen, wenn auch nur indirekt.

Die einzige Extravaganz, die sich Niederschöneweide außerhalb seiner Industrietradition leistet, ist die Hochschule für Schauspielkunst Ernst Busch in der Schnellerstraße. Das relativ kleine und äußerlich unscheinbare Anwesen hat es in sich. Es ist die Nummer 1 der deutschen Schauspielschulen. Als im Frühjahr 1996 der Senat von Berlin »aus Versehen« beschloß, sie der Charlottenburger Hochschule der Künste einzugliedern, kam eine Protest- und Solidaritätswelle in der deutschen Theaterlandschaft ins Rollen, die bewirkte, daß – nach Aufklärung der Berliner Kulturverwaltung über Wert und Bedeutung der traditionsreichen Schule – die Eigenständigkeit erhalten blieb.

Max Reinhardt gründete 1905 die Schauspielschule des Deutschen Theaters. Damit wurde der Schauspielerberuf ein anerkannter, und Reinhardt konnte sich den Nachwuchs für das Deutsche Theater, das er gerade übernommen hatte, selbst heranziehen. O.E. Hasse, Marianne Hoppe, Paul Dahlke, Gerhard Bienert zählten zu den Absolventen vor 1933. Reinhardt selbst verfügte in Berlin über ein ganzes Theaterimperium, von dessen wirtschaftlicher Lage auch die der Schule abhing. Goebbels und sein Ministerium dachten zwar zeitweilig an die Auflösung aller Berliner Schauspielschulen, schätzten jedoch die des Deutschen Theaters als die *disziplinierteste und künstlerisch entwicklungsfähigste* ein. Sie bestanden immerhin bis 1944. 1946 wurde Gustav von Wangenheim Intendant des Deutschen Theaters. Sein Nachfolger Wolfgang Langhoff führte den Unterricht am Theater wieder ein, erteilt u.a. von Eduard von Winterstein. Ab 1951 – nach Neuregelung des Ausbildungswesens in der DDR – wurde die Schauspielschule eine staatliche Fachschule und ihr Sitz der ehemalige Ruderclub Wiking in Niederschöneweide. Hier waren die Eleven weitab von kulturellen Anregungen, dafür hautnah an der Produktion und Arbeiterklasse, die Partner auf den kommenden Bitterfelder Wegen. In Reinhardtscher Tradition lehrten Theaterleute an der Schule. 1960 wurde der Regisseur Wolfgang Heinz – auf der Bühne unvergessen ebenso wie Eduard von Winterstein als Nathan der Weise – Leiter der Schule. Der sehr geschätzte Rudolf

Penk – durch ihn wurden sogenannte Stanislawski-Etüden zum handfesten Grundlagenstudium – leitete die Schule ab 1962, ab 1975 der Schauspieler Hans-Peter Minetti, Mitglied des ZK der SED. Sein Vater, die Schauspielerlegende Bernhard Minetti, begeisterte in diesen Jahren das West-Berliner Theaterpublikum. 1979 bis 1981 – die Wikinger Häuser wurden ersetzt durch einen Neubau – hatte die Schule vorübergehend ihren Betrieb in Marzahn. Mit dem Einzug in den Neubau 1981 wurde die Fachschule zur Hochschule für Schaupielkunst und nach Ernst Busch benannt.

Fünfter Spaziergang

Johannisthal – Kleiner Ort ganz groß

Vom Stern- zum Segelfliegerdamm

Johannisthal klingt irgendwie nicht berlinisch, eher nach landschaftlicher Idylle, nach Kurort vielleicht?

Als Kurort Karriere zu machen, das hatte sich so mancher Vorort Berlins zum ausgehenden 19. Jahrhundert ehrgeizig vorgenommen. Friedrichshagen zum Beispiel hat es da weit gebracht. Auch Johannisthal startete fulminant, doch das ist lange her.

Steigt man heute aus der S-Bahn am Bahnhof Schöneweide und wendet sich nach rechts in Richtung Sterndamm, wird der Spaziergänger nicht gerade magisch angezogen. Er tappt förmlich ins Leere, da ist nicht einmal ein Platz, ein städtebauliches Fragment.

Wie kommt es, daß auch beim Schlendern durch den Ort dieser Eindruck nie recht weichen will? Jeder Ansatz, der Identität von Johannisthal auf die Spur gekommen zu sein, erledigt sich, wenn man um die nächste Ecke biegt. Die kommunale Entwicklung des Ortes stand unter einem ganz besonderen Stern, denn um 1910 war Johannisthal weltberühmt.

Doch zunächst gab es nur eine Kolonistensiedlung, benannt nach dem Gründer Johann Wilhelm Werner, der 1753 ein Gut anlegte. Es war die Zeit der zahlreichen Ortsgründungen rund um die Residenzstadt Berlin, die König Friedrich II. gezielt vorantrieb. Besiedelung war eines seiner großen Worte, dem auch Taten folgten. Johann Werner bekam mit dem Gut die Auflage, zehn Kolonisten, Wollspinner, Strohhutflechter u.a., anzusiedeln. Das gestaltete sich schwie-

Die Winckelmannstraße in Alt-Johannisthal

rig und zog sich hin. 1796 standen erst neun Gebäude, das Gelände war sumpfig. 1840 lebten immerhin schon 132 Personen in 19 Häusern. Trotz stetiger Zunahme der Einwohnerzahl konnte von Florieren der kleinen Gemeinde keine Rede sein.

Das Straßendorf Alt-Johannisthal lag an der heutigen Winckelmannstraße. Als 1880 endlich Gut und Gemeinde zusammengelegt wurden, ließ der Aufschwung nicht lange auf sich warten. Förderlich war das Bedürfnis der Städter, sich von der zunehmenden Großstadthektik erholen zu wollen. Und so entwickelte sich auch das von Wald umgebene Johannisthal zum Ausflugsort. Carl Trützschler von Falkenstein war der letzte Gutsbesitzer, ein Grundstücksspekulant mit Spürsinn und zugleich entschlußfreudiger Kommunalpolitiker. Die Straße, die nach ihm benannt wurde, blieb von den Umbenennungsaktionen der letzten Jahre also verschont. Trützschler ließ eine Station der Vorortbahn einrichten, heute

S-Bahnhof Schöneweide, und erkannte die Marktlücke eines speziellen Tourismusangebots in der Residenz als Chance für seine waldreiche Gemeinde: Kiefernnadelbäder.

Im Johannisthaler Park – der wieder werden soll, was er damals war, gepflegt – entstand ein imposantes Badehaus. In 12 Zellen wurde die heilsame Badekur angeboten. Pensionen ermöglichten einen längeren Kur-Aufenthalt, ein Kurhaus mit Logierhaus und anderen eleganten Einrichtungen wurde eröffnet. Trützschler ließ die vornehme Villa Bella Vista im dekorativen Fachwerkstil am Sterndamm bauen; sie ist heute eine der wenigen Reminiszenzen an die Bad-Ära. Gebaut wurde während des Aufschwungs der 80er Jahre in Bahnnähe und entlang der Kaiser-Wilhelm-Straße (Sterndamm), die Dorfschule 1886 natürlich im Dorf an der Dorfstraße; sie sieht heute, trotz Anbauten bis 1914, dörflicher aus als damals.

Ab 1884 wurde von Bad Johannisthal gesprochen. Nicht lange, denn die wachsende Industrieansiedlung Niederschöneweide jenseits der Bahngleise nahm dem Kurort die gute Luft und den guten Ruf. Während die Kurprominenz zunehmend ausblieb, kamen die Tagesausflügler in Scharen und ließen sich in Lokalen wie Lindenhof, Waldkater, Waldkatze, Bürgergarten und Einsiedler nieder. Man stellte sich auf die neue Kundschaft ein.

1920 wurde aus dem Tanzsaal des Kurhauses ein Kino, 1921 dann sogar ein Kirchsaal.

Mitten im ehemaligen Biergarten demonstriert heute das Evangelische Gemeindezentrum Johannisthal geschichtsbewußt seine Herkunft. Die neben dem Eingang der Kirche angeordneten Holzterrassen, einst Liegehallen des Kurhauses, sind erhalten und in einem Zustand, der die lange Geschichte bestätigt. Gleich nebenan steht die kleine Kurkapelle. Kurkonzerte finden nicht mehr statt, doch wenn vom freistehenden Glockenstuhl Geläut ertönt, hört man den Klang der ältesten Stahlglocke, die heute noch läutet. Johannisthal-Kirche heißt die Straßenbahn- und Busstation am

Sterndamm – den Fremden aber, der hier das erste Mal aussteigt, überrascht das kirchliche Anwesen mit der spontanen Assoziation, vor einem geschlossenen Biergarten zu stehen. Schmuck sind auch die benachbarten Villen im Landhausstil, zu denen das 1906 am Königsplatz erbaute Rathaus vom Charlottenburger Bildhauer und Architekten Georg Roensch gut paßte. Hier am Sterndamm hatte sich das städtische Johannisthal in Konkurrenz zum Dorf etabliert.

Doch schon im ersten Jahrzehnt unseres Jahrhunderts braute sich am Johannisthaler Himmel Sensationelles zusammen. Der erste europäische Motorflugplatz sollte in Johannisthal eröffnet werden, so die Idee der Initiatoren Georg von Tschudi, Major, Arthur Müller, Jurist und Holzhändler sowie Eduard von Pustau, Kapitän. Die Zeichen wurden zunächst auf der Erde gesetzt: entlang der Eisenbahnlinie rodete man den Wald und umgab das riesige Areal mit einem Bretterzaun, Tribünen wurden aufgestellt und die Eröffnung für September 1909 geplant.

Zu dieser Zeit war Frankreich – trotz des deutschen Flugpioniers Otto Lilienthal – das europäische Zentrum des Motorflugs und stellte auch die Fliegerelite. In Deutschland wurde vorerst nur gehopst. Das preußische Militär und die Großindustrie waren von der Überlegenheit der Luftschiffe überzeugt, und Graf Ferdinand Adolf August Heinrich von Zeppelin galt als König der Lüfte. Doch neben den oben genannten gab es einige deutsche Unternehmer und Finanziers, die auf deutsche Flieger, deutsche Flugzeuge aus deutschem Material und auf den ersten europäischen Motorflugplatz in Deutschland setzten. Der Plan ging schief. Im französischen Betheny bei Reims wurde im August 1909 mit der weltersten »Großen Flugwoche der Champagne« der erste europäische Motorflugplatz eröffnet. Die deutschen Flugplatzinitiatoren waren zugegen und erlebten eine niederschmetternde Überraschung. Der Flugplatz war eine Luxusanlage: Technisches Zentrum und gesellschaftlicher Treffpunkt gleichermaßen, Restaurants, Clubs, Banken, jeglicher

Der erste deutsche Motorflugplatz in Johannisthal um 1910

Komfort, es gab sogar Schuhputzer. – In Windeseile wurde in Johannisthal nachgerüstet, Geld beschafft auch für Flugpreise, mit denen ausländische Flieger angelockt werden sollten – deutsche gab es ja noch nicht –, denn schließlich mußte bei einer Flugplatzeröffnung irgendwer durch die Luft fliegen.

Die Deutsche Fluggesellschaft war schon pleite, bevor der Flugplatz mit der weltzweiten Flugwoche vom 26. September bis 3. Oktober 1909 eröffnet wurde. Als am 27. September der Franzose Hubert Latham in nur 40 Minuten von Tempelhof nach Johannisthal – mitten hinein in die Flugwochenveranstaltung – flog, erhielt er von der Polizei ein Strafmandat wegen groben Unfugs. Ordnung muß sein in Preußen.

Trotz nie gesehener Attraktionen hielt sich die Begeisterung der Berliner in Grenzen. Flieger und Konstrukteure dagegen waren vom Fliegen regelrecht besessen, es wurde zum Virus. Als noch im Eröffnungsjahr der erste Deutsche Rundflug – 1.854 Kilometer in vier Wochen – gestartet wurde, zogen auch die Berliner in Scharen nach Johannisthal. *Seit zwei Uhr nachts war die Stadt auf den Beinen. Die Vorortbahn fuhr in dichter Folge, die Wagen waren überfüllt. Musiker der Militärkapelle sprangen auf die Lokomotive auf, sie sollten zur Eröffnung spielen. Gegen drei Uhr nachts waren alle Fahrkarten ausverkauft, die Schalter wurden geschlossen.*

In der Vossischen Zeitung las man: *Das Publikum ... stürmte die Züge ... in den Kupees lagen die Menschen in den Gepäcknetzen und unter den Bänken, 30 bis 60 Personen. ... Frauen und Mädchen wurden ohnmächtig ... Trotz dieser schwierigen Fahrt waren die Fahrgäste in vorzüglicher Laune.*

In seinem Buch »Als die Oldtimer flogen« schreibt Günter Schmitt: *Der Ort Johannisthal und das Gelände um den Flugplatz glichen einem Inferno. Auf den Dächern der umliegenden Häuser standen die Menschen ... 300.000 hatten keinen Einlaß mehr gefunden. Hunderte von berittenen Polizisten mußten aus Berlin angefordert werden und die Durchbruchstellen* (im Bretterzaun) *abriegeln. ... Erst am folgenden Tag war der ganze Spuk vorbei. Ein leerer Flugplatz und eine verwüstete Umgebung blieben zurück.*

Am 1. Februar 1910 erhielt August Erler die Flugzeugführererlaubnis Nr. 1 vom Deutschen Luftfahrer-Verband, Georg von Tschudi wurde Direktor der neuen Flug- und Sportplatz GmbH Berlin-Johannisthal, und die ersten Fliegerschulen siedelten am Rand des Flugplatzes. Schau- und Preisflüge lockten Zuschauer an und brachten Geld. Da die Fahrt vom Görlitzer Bahnhof bis nach Niederschöneweide-Johannisthal nur 10 Pfennige kostete, bis nach Adlershof-Altglienicke schon 20, verlegte man die Stehplätze in die Nähe des ersteren Bahnhofs. Die Berliner wurden zu Flug- und Fliegerfans und hatten die ersten Spitznamen für die Flugmodelle parat: »Stube, Kammer, Küche« oder »Trüffelsucher«.

Johannisthal zählte damals 4.000 Einwohner und erlebte eine Identitätskrise. Über Nacht in aller Munde, wurde der Ort eine Berühmtheit, der er nie recht gewachsen war. Statt um Eleganz und Beschaulichkeit, Hygiene und Gesundheit

Melli Beese war 1911
die erste deutsche Motorfliegerin

im Badeort ging es nun um Technik, Tempo, Risiko und Abenteuer. Im Straßenbild wurde zunehmend ein in Johannisthal bis dahin unbekannter Menschenschlag gesichtet: Flieger, Techniker, Fans und Abenteurer in salopper Kleidung und aus aller Herren Länder. Prominenz jeder Couleur rollte an und verschwand in Richtung Flugplatz am heutigen Segelfliegerdamm. Flieger und Konstrukteure mieteten Schuppen am Alten Startplatz, heute Straße am Flugplatz, und unterhielten Flugschulen. So verdienten sie Geld für die Experimente mit ihren Flugapparaten. Bis 1914 hatten 106 Flieger auch ihren Wohnsitz in Johannisthal.

Melli Beese, die erste deutsche Motorfliegerin mit der Flugzeugführererlaubnis Nr. 115, wohnte in der Kaiser-Wilhelmstraße (Sterndamm 83) und richtete hier das Büro ihrer Flugschule ein. Nach ihrer Heirat mit dem französischen Flieger Charles Boutard zog sie in die elegante Villa Bella Vista. Amelie Beese, die energiegeladene Tochter aus gutem Hause bei Dresden, hatte sich über alle konventionellen Schranken hinweggesetzt. Sie studierte zunächst Bildhauerei in Schweden, da das in Deutschland als Frau unmöglich war. Dann setzte sie sich das Fliegen in den Kopf und wurde eine gute Fliegerin und Konstrukteurin. Sie kämpfte erfolgreich gegen die Männerdomäne in der Fliegerei, der jedes Mittel recht war, diese zu erhalten. Sie war schön, jung und eigenwillig, überstand lebend die Angriffe der männlichen Kollegen, die nicht verhindern konnten, daß sie ihren Flugschein machte – 1911 an ihrem 25. Geburtstag. Daß Flugplatzdirektor von Tschudi damit den Fliegern in den Rücken fiel, hatte nur den Grund, daß er sich das Fliegen einer Frau als Kassenmagnet vorstellte und recht behielt. Melli Beese machte eine Flugschule auf, und ihre Flugschüler – anders als bei den männlichen Fliegern – wurden nach einem Programm ausgebildet. Damit wandte sie sich demonstrativ gegen die Geldschneiderei und Abhängigkeit der Schüler von den Launen der Flieger, die damals übliche Ausbildungspraxis. Ab Kriegsbeginn 1914 durfte sie, die seit ihrer Heirat als Französin galt, den Flugplatz nicht mehr betreten, wurde »enteignet«, verbannt und krank. Alle Pläne nach Kriegsende, ihre alten Rechte und neuen Ideen durchzusetzen, scheiterten. Melli Beese war entmutigt und entkräftet, zog sich zurück und beendete ihr Leben – mit 39 Jahren. Da, wo sie die letzten Jahre in einer Pension verbrachte, steht seit 1971 in der kleinen Melli-Beese-Anlage nahe dem S-Bahnhof Halensee eine Aluminium-Skulptur in Form eines stilisierten Flügelpaares – nach ihrem Entwurf der »Melli-Beese-Taube«.

Der Faszination des Fliegens erlagen damals nicht nur Flieger. Karl Krüger, ein Chauffeur des Kaisers, ließ sich beurlauben und mietete eine Einzimmerwohnung in Johannisthal. Zusammen mit seinem Bruder konstruierte er das erste Torpedoflugzeug. Geld verdiente er mit dem Einfliegen von Flugzeugen, eine todesmutige Angelegenheit. Kam ein Beauftragter des Hofes, zog er seine Livree an und führte seine Konstruktion vor.

Der bekannteste Treffpunkt deutscher und ausländischer Flieger war die Gaststätte von Franz Tolinski an der Friedrichstraße (Winckelmannstraße). Seit 1912 hatte der Fliegerwirt eine umfangreiche »Sammlung von Reliquien aus verhängnisvollen Aeroplan- und Ballonkatastrophen« angelegt. Bruchmuseum nannten die Berliner das erste Aviatische Museum. Heute steht das Haus selbst als Bruchstück an der Straßenecke, die Sammlung ist im Museum für Verkehr und Technik sichergestellt – doch man spricht über Wiederbelebung von Café und Museum. Ein typisches Fliegercafé war auch das Café Senftleben mit seinem Non-stop-Betrieb an der Kaiser-Wilhelm-Straße 50. Die Cafés waren Orte der Fluggeschichte, hier wurde so manche Idee für eine technische Neuheit geboren, hier tüftelten Flieger und Konstrukteure an fachlichen und sozialen Problemen ihrer jungen Berufsgruppe.

Schon ab 1910 entstanden die ersten Flugzeugwerke nahe dem Haupteingang, da, wo die Engelhardstraße in den Segelfliegerdamm mündet. Die Straße wurde als Verbindung zum Bahnhof angelegt und nach dem 1911 tödlich abgestürzten Piloten Paul Engelhard benannt, ebenso die Pietschkerstraße, Alfred Pietschker war im selben Jahr abgestürzt.

Zu ebener Erde wurde 1911 in Berlin eine Höchstgeschwindigkeit von 25 kmh festgelegt, das Tempo in der Luft dagegen schien grenzenlos. Die Flieger schossen geradezu durch die Lüfte und über die Johannisthaler Dächer hinweg. Flugzeugabstürze sorgten in diesen Jahren für Schlagzeilen, und die Flieger mußten sich Sicherheitsbestimmungen hart erkämpfen. Katastrophenstimmung löste 1913 die Explosion

Die ehemalige Fliegerkneipe – gleichzeitig Bruchmuseum
»Franz Tolinski« – im Jahre 1996

des Marine-Luft-Schiffs L2 aus, als es in der Nähe der Schule an der Winckelmannstraße brennend niederstürzte.

Die Presse berichtete täglich über das Flugplatzgeschehen auf extra eingerichteten Spalten, denn *Der Motorflug in diesem Berliner Vorort wurde ... zum größten Ereignis und Anziehungspunkt der Berliner Bevölkerung.* Der Name Johannisthal war in aller Munde, seit 1913 sprach man auch offiziell von Berlin-Johannisthal. Doch an der Kommune ging der Erfolg vorbei, sieht man ab vom erhöhten Fleisch- und Backwarenumsatz. Auch die Grundstücks- und Wohnungsspekulanten blieben glücklos trotz interessanter Strategien. Bruno Taut hatte 1911 am Wettbewerb für eine Wohnanlage teilgenommen, sein Entwurf »Aeropolis« bekam den 1. Preis, doch gebaut wurde nicht. Der Beamten-Wohnungs-Verein hatte schon 1910 von Paul Mebes die Wohnanlage Johannisthal I in der Nähe des Flugplatzes bauen lassen. Auf den Spuren beider Berliner Wohnungsbauer kann man durch »janz« Berlin pilgern.

Der Flugplatz Johannisthal wurde noch vor 1914 der modernste in Europa und blieb bis zum Kriegsausbruch das Zentrum der bedeutendsten Leistungen des deutschen Motorflugs. Ab Kriegsbeginn wurde er militärischer Zentralflugplatz, Produktionshallen wurden nun auch im Ort errichtet und 1915 das hier gebaute erste sogenannte C-Flugzeug an der Front eingesetzt. Ab 1918 produzierte die AEG in Johannisthal Großbomber. Großproduzent Rumpler zog in die Vergnügungssäle des Parkrestaurants und des Bürgergartens, später Kino Astra. Von den 5.600 Beschäftigten bei dem Flugzeughersteller Albatros waren 2.600 in Johannisthal tätig. Von 19 ausgewählten Fliegerschulen, die für das Befähigungszeugnis als Militärflugzeugführer ausbildeten, waren acht in Johannisthal ansässig.

Johannisthal hatte sich zum Industriestandort von höchster militärischer Bedeutung gewandelt. Die Rüstungsindustrie lief auf Hochtouren, und in den Straßen des Ortes, auf dem Flugplatz und in der Luft herrschten chaotische Zustände. Havarien und Abstürze nahmen stetig zu. Alle Serienflugzeuge wurden hier eingeflogen. 1916 gab es den ersten Streik, und bis 1918 kamen 74 Personen des fliegenden Personals durch Abstürze allein über dem Flugplatz und seiner näheren Umgebung ums Leben. Die Flugzeuge wurden teilweise auf Pferdefuhrwerke verladen und durch den Ort zu den Bahnhöfen gefahren. Zur Entlastung waren Ringbahngleise vom Rangiergelände (Betriebsbahnhof Schöneweide) bis auf den Flugplatz und in die Werkshallen gelegt worden. 1918 war der Spuk vorbei.

Laut Versailler Vertrag mußte sämtliches militärisches Luftfahrtgerät an die Siegerstaaten abgeliefert werden, Fabrikation und Einfuhr desselben war verboten. Damit endete der bedeutende Teil der Geschichte des Flugplatzes, wenn auch das letzte Kapitel nicht das ruhmreichste war.

Vorausschauende Unternehmer hatten schon während des Krieges die Deutsche Luftreederei GmbH gegründet und Militär- zu Passagierflugzeugen umbauen lassen. Diese Gesellschaft *eröffnete den Passagierverkehr in der Luft am 5. Februar 1919 … um die Verbindung … der nach Weimar einberufenen Nationalversammlung sicherzustellen.*

Trotz neuer Aktivitäten, wie Seebäderverkehr, wurde es stiller auf dem Flugplatz. Ab 1923 wurde »Linie« vom Flugplatz Tempelhof geflogen. Die Kommune dagegen profitierte nach der Eingemeindung zu Groß-Berlin 1920 von den umfangreichen Wohnungsbauprogrammen des Neuen Bauens. Kleinhaussiedlungen oder Mietwohnanlagen entstanden nach Entwürfen anerkannter Architekten, die Johannisthal zum Geheimtip für architekturinteressierte Spurensucher machen. Die Doppelhäuser in der Waldstraße sollen deshalb erwähnt werden, weil sie in einem Sparbauverfahren gebaut wurden, das sich »AMBI-Massiv-Bauweise« nannte (die Mauern waren nicht massiv, sondern mit Koksasche gefüllt). Unter der Dachbezeichnung AMBI-Werke hatte Arthur Müller (AM), einer der Gründer des Flugplatzes und wohl korruptester Flugplatzspekulant, nach 1919 einen Konzern aufgebaut, dessen Firmen bald in vielen Branchen anzutreffen waren.

Die Flugzeugfirma Albatros verkaufte einen Teil ihres Geländes und eine Werkzeughalle an die am 20. Januar 1920 gegründete Johannisthaler Filmanstalten GmbH, genannt Jofa. Am 19. Mai 1920 wurden die Studios eröffnet. Zum einjährigen Bestehen 1921 heißt es: *... wo einst die siegreichen Albatros-Flugzeuge entstanden ... war fast über Nacht ein Film-Eldorado entstanden, wie es bisher auf dem Kontinent noch nicht dagewesen. Es war ein glücklicher Gedanke, die mustergültig für eine Großindustrie geschaffenen Bauten dem so rasch emporgeblühten deutschen Großfilm nutzbar zu machen ...*

37 Filme wurden im ersten Jahr in »Jofa« gedreht. Darunter »Hamlet« mit Asta Nielsen, Regisseur war der Däne Sven Gade. Er schreibt in seinen Erinnerungen: *Die Innenaufnahmen wurden auf Berlins Flugplatz Johannisthal gemacht, wo eine mächtige Eisen- und Glashalle, die die Deutschen als Kriegsbeute aus Belgien mitgebracht hatten und als Flugzeughalle gebrauchten, nun zum Filmatelier umgestaltet war. Auf den Feldern lagen ringsum Hunderte von Kriegsflugzeugen. Ein paar Mal in der Woche kam eine französische Militärkommission und vernichtete so viele Maschinen, wie sie kurz und klein sprengen konnte. ... Aber die Abscheulichkeit der Zerstörung kam insofern dem Film zugute, als ich ... das Leinen ... für Filmdekorationen verwenden konnte* und *... einige Kanalisationsröhren, ... wurden zu prachtvollen Säulen im Schloß des Dänenkönigs.*

Mit der Filmindustrie kam Johannisthal ein zweites Mal international in die Schlagzeilen, denn auf dem legendären Flugplatz begann ab 1920 ein bedeutendes Kapitel deutscher Filmgeschichte. Der Film sollte ebenso viele Anhänger erhalten wie zehn Jahre zuvor die großen Luftnummern. In den Journalen der Reichshauptstadt wurden Film und Kino das Thema Nummer eins.

Die Ateliers der Jofa waren bis 1923 die größten und galten als modernste Atelieranlage in Europa. Die 150 Meter lange Flugzeughalle hatte große Schiebetüren und einen *wunderbaren Lampenpark.* So ließ sich erstmalig der Studio-»Dreh« mit Außenaufnahmen verbinden. Obwohl auch andere Flugzeughallen in Berlin für Studiozwecke genutzt wurden – in Staaken die große Zeppelin-Luftschiffhalle – in »Jofa« bestach die Anlage durch technisches Know-how. *Grandiose Bedingungen,* so schwärmten die Filmleute: Groß-Fundus, fahrbare Beleuchterbrücken, 64 Künstlergarderoben, Komparseriegarderoben für 50 Mann und zwei für Massenkomparserie, eine Kantine für 200 Personen. Begeistert waren die Filmemacher von der Stille und Weite, eine wichtige Voraussetzung für den jungen Tonfilm. Regisseur Heinrich Richter fand nur hier *die Möglichkeit, den wirklichen Himmel mit einzubauen.* Die Wörner-Film-Produktion stellte nach Abschluß der Dreharbeiten zu »Danton« fest, *daß wir noch in keinem deutschen oder österreichischen Atelier derartig großzügig ... gearbeitet haben,* und Regisseur Georg Burghardt schwärmte: *Für lucullische Genüsse ist die Kantine und Küche ein Rayon für sich.*

Lange nach dieser Zeit – die alten Tonstudios wurden von der DEFA als Synchronstudios und neuere Studiobauten vom Fernsehen der DDR genutzt – machte wieder die Jofa-Kantine von sich reden. Mitarbeiter des Fernseh-Hauptquartiers in Adlershof, am südlichen Rand des ehemaligen Fluglatzes, nutzten jede Gelegenheit, um mit dem Hausbus zum Essen nach »Jofa« zu fahren. Bis 14 Uhr konnte man in der Anfang der 70er Jahre eröffneten und sehr gepflegten Kantine vielseitig und reichhaltig, ökologisch und spottbillig essen. Fuhr man mit der Straßenbahn, war der Weg weit vom S-Bahnhof bis zur Endstation der »61« an der ehemaligen Fliegerkneipe Tolinski. Den Rest bis zum Eingang der Studios an der Straße am Flugplatz bewältigte man zu Fuß. Das ist noch heute so.

Auch die Fliegerkneipen gingen mit der Zeit. Bei Herrn Senftleben schlürfte man jetzt Cocktails, und Prominenz und Presse kredenzte er gern seine *Jofa-Mischung.*

Die Johannisthaler blieben, wie schon bei der Fliegerei, unter sich. Die Filme wurden zwar in ihrer Nachbarschaft gedreht, sehen konnten sie sie nicht. Johannisthal hatte kein Kino, und die Filmpremieren fanden als gesellschaftliches Ereignis in den extra gebauten Premierenkinos rund um den

Bahnhof Zoo oder am Kudamm statt. Der Ort war eine Durchgangsstraße für die Leinwandidole jener Zeit, die in teuren Limousinen durch Johannisthal fuhren, bevor sie hinter den Studiotoren verschwanden. Im Jahr der Jofa-Gründung hatte man in Johannisthal zwar schnell den Tanzsaal des Kurhauses zum Lichtspieltheater gemacht, doch schon ein Jahr später erfolgte, wie wir wissen, der Umbau zum evangelischen Gemeindesaal. Erst als 1929 das Ehepaar Hoffmann das Parkrestaurant im Bürgergarten (Sterndamm 69) zum Kintopp umbauen ließ, bekam Johannisthal das Kino *Astra*.

In den 20er Jahren wurde rund um den Film alles idealisiert, woran sich bis heute trotz Outing, desillusionierender Talk Shows oder deprimierender Lebensgeschichte kaum etwas änderte. Die Schauspieler wurden zu Helden, wie davor die Flieger. In der Fachzeitschrift »Film-Atelier« hieß es 1929 unter dem Titel *Pflichterfüllung bis zum Äußersten*: ... *Kameraleute, die fast neben dem Apparat zusammenbrechen, Architekten, die mit hohem Fieber auf Leitern und Gerüsten herumklettern, Schauspieler, obwohl am Ende ihrer Kräfte, ihre Rolle zu Ende spielen. Und nicht vergessen seien die tapferen Heerscharen der Komparsen, die ... wieder und wieder in eisig kaltes Wasser sich stürzen, oder bei 50 Grad Atelierhitze die breiten Treppen noch und noch herauf- und herunterrennen müssen.*

Schon 1923 wurde die Jofa von der Filmwerke Staaken AG an Größe und Technik übertroffen. Die Filmproduktion in Berlin lief auf Hochtouren. Bis 1930 wurden etwa 400 Filme in »Jofa« gedreht, einige wurden zu Klassikern, darunter *Danton, Othello, Fridericus Rex, Dr. Marbuse, Nibelungen, Peter der Große, Schinderhannes, Bei den Teufelsaustreibern.*

Auch die Prometheus-Film GmbH, 1926 von der KPD gegründet, produzierte hauptsächlich in den Jofa-Studios, so 1929 ihren Erfolgsfilm »Mutter Krausens Fahrt ins Glück« zum Gedenken an den Maler Heinrich Zille. Paul Dessau schrieb die Filmmusik, Otto Nagel, der Wedding-Maler, Käthe Kollwitz und Hans Baluschek übernahmen das Pro-

1996 ist vom einstigen Glanz der Filmstudios in »Jofa« nichts mehr geblieben

tektorat. Zur Zeit der Innenaufnahmen waren die Studios besetzt und man drehte in einem unbenutzten Maschinenraum der Albatros-Werke. Am 9.11.1929 stand in der Zeitung »Berlin am Morgen«: *Die Jofa-Ateliers sehen ein ungewohntes Milieu in ihren Mauern. Bei den noblen Gesellschaftsfilmkitschern, die die anderen Räume besetzen, heißt es »Drüben bei den Bolschewisten!«.*

Doch neben der Traumfabrik gab es längst auch militärische Vorhaben, die, vorerst noch geheimgehalten, verhinderten, den Flugplatz für den Motorsport wiederzubeleben. So wurde die Flugveranstaltung im August 1930 ein Flop und der Motorflugsport in Johannisthal endgültig zu Grabe getragen.

Auf der Adlershofer Seite des Platzes hatte Gustav Lilienthal bis zu seinem Tode 1933 eine Werkstatt. Er baute an einem Schwingenflugzeug und setzte die Versuche seines Bruders Otto fort.

Die Begründung für die zunehmende Kriegsrüstung entwarf das Propagandaministerium einschließlich Feindbild. So las man am 24. Juni 1933 in allen deutschen Zeitungen: ... *ausländische Flugzeuge eines in Deutschland unbekannten Typs ... über dem Regierungsviertel ... Flugblätter mit einem die Reichsregierung beschimpfenden Text*. Man hatte *die rote Fliegerpest über Berlin* gesehen. Es sei höchste Zeit für *das schutzlose Deutschland,* eine moderne Luftwaffe zu schaffen. 1935 war diese startbereit und 1945 zerstört.

Von hier startete am 2. Mai 1945 der Berliner Stadtkommandant, General Helmuth Weidling, mit einem Lautsprecherwagen zu allen Berliner Armeestandorten, um die Kapitulation zu verkünden. Der Flugplatz Johannisthal wurde Standort des Kommandostabs der Roten Armee und später alliierter Flugplatz in der Sowjetisch Besetzten Zone. Anders als die drei westlichen wurde er als solcher bis 1990 kaum genutzt.

Als 1909 der Bretterzaun um das Flugplatzareal gezogen wurde, war ringsum bald ein Trampelpfad entstanden. Im Laufe der Jahre wurden daraus Wege und Straßen, die man befestigte. Das Gelände innerhalb des heutigen Straßenrings Groß-Berliner Damm, Segelfliegerdamm, Straße am Flugplatz und Rudower Chaussee ist identisch mit dem Flugplatz von 1909. Einige Gebäude, Hallen sowie die Feuerwache sind erhalten. Und die Erinnerung. Der Verein zur Bewahrung von Stätten deutscher Luftfahrtgeschichte hat eine Konzeption für den Flugplatz Johannisthal als dem bedeutendsten Standort deutscher Luftfahrtgeschichte erarbeitet. Ein neues Stadtquartier, geplant und begonnen, soll in seinem Namen den Flugplatz tragen, und die Straßen sollen nach Fliegerinnen und Fliegern benannt werden – so wünscht es sich auch die Kommune Johannisthal.

Sechster Spaziergang

Adlershof – ... und der Zukunft zugewandt

Zwischen Köllnischer Heide und Teltowkanal

Namen sind Schall und Rauch, sagt der Volksmund. Adlershof machte seinem Namen Ehre und erlebte wirklich einen Höhenflug. Aus dem ehemaligen Gut Süßer Grund schwang sich der Ort zu Adlershof auf, und das Gebiet jenseits von Eisenbahn- und Straßentrasse zur Wiege der deutschen Luftfahrt vor dem Ersten und zum Wissenschaftszentrum der DDR nach dem Zweiten Weltkrieg. Auch das Fernsehen war in Adlershof zu Hause, wie es ganz offiziell hieß, obwohl das Terrain jenseits der Trasse eigentlich zu Johannisthal gehört. Eine geographische Nachlässigkeit, die beibehalten wird.

Noch vor der Jahrtausendwende soll auf dem traditionsreichen Terrain südlich des Flugplatzes Johannisthal die Vision von der High-Tech-Zukunft Wirklichkeit werden. Das 21. Jahrhundert ist längst ein Datum, und so laufen die Planungen für die zukünftige Stadt der Wirtschaft und Wissenschaft auf Hochtouren. Das größte Berliner Bauvorhaben nach dem Potsdamer Platz – den Superlativ haben sich die dortigen Investoren rechtzeitig gesichert – ist also das zweitgrößte. Kommt man mit der S-Bahn auf der hochgelegenen Trasse in den Ort gefahren, hat man eine distanzierte Sicht wie vom Obergeschoß eines Doppelstockbusses. Links liegt der Ort, rechts die Zukunft – unsichtbar, noch. Getrost könnte man sich dem Ort zuwenden, wäre da nicht das Adlergestell. Den Namen erhielt die Straße angeblich nach den Adlerfiguren, die an der Straße aufgestellt wurden, wenn es vor Jahrhunderten zur Jagd nach den Wusterhausener Schlössern ging.

Heute ist die Ausfallstraße eine bekannte, wenn auch inoffizielle Rennstrecke. Gradlinig und breit seit den 60er Jahren, scheinen die Autokolonnen direkt auf einen zuzukommen. Um in den Ort zu gelangen, muß man die Straße überqueren, ein Wagnis trotz Verkehrsampel. Das soll sich ändern, und auch die Trennung in Wohn- und Wissenschaftsort soll aufgehoben werden. Ein neuer Bahnhof ist geplant, gedacht als Brücke und architektonische Visitenkarte des Ortes. Mit einem gläsernen Outfit soll er von der Adlershofer Zukunft künden. Das Archtitekturbüro Albert Speer & Co aus Frankfurt am Main entwarf die grazile Konstruktion eines Glasdaches, das, einer Adlerschwinge gleich, sich am Ortsnamen und an den kühnen Projekten der High-Tech-Welt in spe orientierte. Der Vater des Architekten, Albert Speer, begann vor 60 Jahren, die Pläne Adolf Hitlers für die »Welthauptstadt« Berlin in die Tat umzusetzen – der Plan blieb zum Glück Fiktion. Der Bahnhofsbau des Sohnes soll 1997 beginnen.

Anders als Niederschöneweide hat der ehemalige Arbeiterwohnort Adlershof eine dörfliche Vergangenheit. Sie begann mit der Anordnung Friedrichs II., den *süßen Grund bey Cöpenick, jetzt Adlershoff benahmet* zu besiedeln und Maulbeerbaumplantagen anzulegen. Die Seidenraupenzucht, die Friedrich II. kraft seines Amtes demagogisch vorantreiben ließ, hielt sich hier wohl am längsten. Der große Erfolg aber blieb aus, und die Seide mußte weiterhin importiert werden. An die Anfänge des späteren Wirtschaftsstandortes erinnert der Name der Seidenraupenstraße und gelegentlich eine Ausstellung im Heimatmuseum.

Nach der Reichsgründung, Adlershof hatte 1860 nur 100 Einwohner, entdeckten Grundstücksspekulanten den Ort für den Villenbau. Doch wie fast überall im Osten Berlins wurden diese Pläne von der Randwanderung der Industrie überrollt. Einige Villen baute man in der Kaiser-Wilhelm-Straße (Nipkowstraße), sie sind erhalten. In die an der Ecke Radickestraße, Baujahr 1886, zog 1995 die Polizei ein. Ein öffentliches

Das »Genossenschafts-Wirtshaus« am Markt um 1913

Gebäude und zugänglich auch für die, die sich (nur) die schöne Bleiverglasung am Fenster zum Hof ansehen möchten. Erhalten blieb auch das Adlershofer Straßennetz, das für den Villenbau angelegt worden war. Ausgelöst durch den sogenannten Gründerzeitkrach, verkaufte man das Land gewinnbringender an Fabrikanten und auch an Kapitalanleger aus der Stadt. Zu den ersten Industrieansiedlungen gehörten das süddeutsche Eisenunternehmen Wolf Netter & Jacobi und die Chemische Fabrik Kahlbaum am Glienicker Weg. Am Ende des Ersten Weltkriegs galt Kahlbaum als größter Chemiewaffenhersteller Deutschlands, schwenkte dann um auf pharmazeutische Produkte und fusionierte 1927 mit der Firma Schering, 1937 erfolgte die Umwandlung in Schering AG und die Verlagerung aller Produktionsstätten nach Adlershof.

Nach 1945 begann die Rote Armee mit der Demontage des Werkes, bis der Befehl des Stadtkommandanten Bersarin, hier Insulin herzustellen, dem Einhalt gebot. 1948 wurde die

Firma zum VEB Schering Adlershof, 1956 zu VEB Berlin-Chemie, der mit 2.700 Beschäftigten zu den drei größten pharmazeutischen Betrieben der DDR gehörte. 1990 mutierte der volkseigene Betrieb zur Berlin-Chemie AG – nun im Besitz eines italienischen Pharmakonzerns.

Riesengewinn machte damals auch die rheinische Firma Gebrüder Avenarius mit ihrem Holzkonservierungsmittel Avenarius Carbolineum. Die Gemeinde dagegen konnte sich nicht mal ein Rathaus leisten.

Adlershof entwickelte sich wie Niederschöneweide in schnellem Tempo zum Industriestand- und Arbeiterwohnort und war bald eine der bevölkerungsreichsten Gemeinden des Kreises Teltow. Seit 1886 hatte man Anschluß an die Vorortbahn, 15 Minuten dauerte die Fahrt bis Görlitzer Bahnhof, für die Wochen-, Monats- und Jahreskarten eingeführt wurden. Im selben Jahr begann ein Mann mit einem Vorhaben, das leider wenig Nachahmer gefunden hat. Der Zimmermannsmeister Louis Helbig aus Berlin besaß Grund und Boden in Adlershof und eine soziale Ader. Er träumte vom *Häuschen mit Garten für den kleinen Mann* und fand in Dänemark das Vorbild. So kam der englische Prototyp des Cottage-Systems nach Adlershof. 1886 stand das erste Haus, Helbigstraße 30. Die Berliner Baugenossenschaft war Helbigs Partner und ein Segen für Adlershof. Bis 1892 baute sie 55 Häuser für Mitglieder, deren Beitrag anfangs 50 Pfennige betrug. Die Zweifamilienhäuser aus Backstein mit Gärten, großzügig und solide, stehen entlang der Genossenschafts- und Helbigstraße, 1889 kam eine Genossenschaftsgaststätte hinzu. Während sich der englische Städtebau im 19. Jahrhundert auf der Grundlage des Eigenheims entwickelte, als Reihenhaus für die Arbeiter, freistehend für das Bürgertum, entstanden kontinental Mietshäuser und als Extrem die Mietskaserne. An den Villen in der Nipkowstraße findet sich auch, bescheiden zwar, der Cottage-Style: Holzverzierungen an Hausgiebeln, benannt nach dem englischen Bucheinband-Stil im 17. Jahrhundert.

1890 stand die erste Gemeindeschule in der Bismarckstraße (Dörpfeld-), gebaut von Robert Buntzel aus Niederschöneweide. Die Schülerzahl wuchs enorm, und schon 1892 wurde angebaut. In der neuen Aula fanden bis 1900, der Einweihung der evangelischen Verklärungskirche in der Arndtstraße, auch Gottesdienste statt. Die Kirche hat 800 Plätze und ist noch heute der größte Versammlungsraum des Ortes. Der Schulbau aus roten Ziegeln steht unter Denkmalschutz, der Schulbetrieb ist längst eingestellt, und die Adlershofer haben sich hier ein Kultur-Zentrum geschaffen.

Kommerzielles und kulturelles Zentrum war um die Jahrhundertwende der Markt an der Bismarckstraße, an der noch heute fast alle Geschäfte liegen. Fleisch, Wurst, Fisch und daneben Marktspektakel und Panoptikum. 1901 mußte der Markt aufgegeben werden, das Grundstück war zu teuer geworden. 1912 wurde ein Schmuckplatz mit Brunnen, gestaltet von Alfred Krause aus Köpenick, eingeweiht. Die Entscheidung für einen wasserspeienden Löwen, 50 Mark, anstatt eines Adlers, 150 Mark, trafen die Adlershofer schweren Herzens. Inzwischen ist der Markt wieder Mittelpunkt und das Marktspektakel seit den 80er Jahren sommerlicher Höhepunkt.

Um 1900 hatte Adlershof ungefähr 8.000 Einwohner, von denen etwa 90% Arbeiter waren, so daß die Sozialdemokratische Partei hier Fuß faßte und der Massensport eine Blütezeit erlebte. Mitbegründer des Männerturnvereins, MTV, war Rudolf Wöllstein, bekannt durch das gleichnamige Gartenrestaurant. Nach der Aufhebung des Sozialistengesetzes 1890 gründete sich der Arbeiter-Turn-Verein, ATV, der bald zur sportlichen und politischen Konkurrenz des MTV wurde. In der Köllnischen Heide an der Genossenschaftsstraße legte der ATV einen Sportplatz mit Gaststätte an, die heute als »Holzoper« jedem Adlershofer bekannt ist.

Die fortschrittliche Gesinnung Adlershofs brachte Preußen ein Novum besonderer Art. 1920 wurde in der Gemeindeschule in der Radickestraße die erste weltliche Schule einge-

Einst undurchdringlich, heute nur noch
romantisch: die Köllnische Heide

richtet. Statt Religion wurden Lebenskunde und Arbeitslehre eingeführt, Jungen und Mädchen nicht mehr getrennt unterrichtet und die Jugendweihefeier nach dem Schulabschluß angeboten. Die Schulreformer initiierten auch Weiterbildungs- und Kulturprogramme und stießen auf große Resonanz. Bald schon wurde das Modell in Oberschöneweide und Neukölln übernommen. 1933 stampften es die Nationalsozialisten, wie alles, was sie mit dem Reizwort Reform in Verbindung brachten, rigoros ein – und Mädchen und Jungen mußten wieder getrennt die Schulbank drücken.

Trotz Industrie war Adlershof ein Wohnort mit viel Grün und ohne Mietskasernen. Der prominenteste Architekt, der in Adlershof baute, war Ludwig Hilberseimer. Er gehörte neben Malern wie Max Pechstein, Käthe Kollwitz oder Architekten wie Erich Mendelsohn, Ludwig Mies van der Rohe zur Novembergruppe, die nach 1918 Einfluß bei Baukunst und Siedlungsbau forderten – mit Erfolg. In Adlershof entstanden etliche Wohnsiedlungen mit geschlossenen Straßen- und geöffneten Hof- und Gartenfronten. Hilberseimer baute 1929–30 die Wohnanlage Süßer Grund an der Volkswohlstraße, die seit 1984 Anna-Seghers-Straße heißt.

Die Schriftstellerin mit dem Mädchennamen Netty Reiling wohnte von 1955 bis zu ihrem Tod 1983 in der Nummer 81. Als Jüdin und Kommunistin mußte sie lange in der Emigration leben, bevor sie 1947 nach Berlin zurückkehrte. Die sowjetische Militäradministration hatte in Pankow die Erich-Weinert-Siedlung für aus der Emigration zurückkehrende Künstler anlegen lassen, doch Anna Seghers entschied sich für Adlershof. Während ihr Welterfolg, der Roman »Das siebte Kreuz«, im Exil in Mexiko entstand, schrieb sie »Die Entscheidung« auf ihrem *kleinwinzigen Balkon* in Adlershof. In der Altheider Straße wohnte die Schriftstellerin Berta Waterstradt, Drehbuchautorin des Kinoklassikers »Die Buntkarierten«, nach der 1995 die Straße 50 benannt wurde. Steffi Spira, die beliebte Schauspielerin, wohnte in der Hoffmannstraße. Sie alle hielten Kontakt miteinander und zu den Adlershofern. Eindeutig war Anna Seghers Credo für ihren Wohnort: *So sonderbar es klingt, Adlershof hat auch großen Charme.* Die Wohnung mit der fast 10.000 Bände umfassenden Bibliothek ist als Anna-Seghers-Gedenkstätte erhalten.

Jenseits von Ort, Eisenbahn und Magistrale etablierte sich 1912 an der Rudower Chaussee die Deutsche Versuchsanstalt für Luftfahrt, DVL, die wohl bedeutendste Forschungs- und Entwicklungsstätte der deutschen Luftfahrt. Nahe dem S-Bahnhof, wo heute das Gewerbezentrum seinen Hauptein-

Anna Seghers mit dem brasilianischen Schriftsteller Jorge Amado
1965 in ihrer Adlershofer Wohnung

gang hat, war der Eingang B zu den Stehplätzen des Flugplatzes. Das Unternehmen »Flugmaschine Wright GmbH« hatte sich 1910 als erstes an der Rudower Chaussee niedergelassen und bildete Flugzeugführer aus. Fridolin Keidel mit der Flugzeugführererlaubnis Nr. 5 war der erste Lehrer, sein erster Schüler Robert Thelen, einer der erfolgreichsten Flieger. Er überflog als erster Adlershof, wofür man ihn mit einem Straßennamen ehrte. 1911 wurde die erste deutsche, die »Luftfahrerschule Berlin-Adlershof« gegründet; die Gemeinde stellte den Mittelteil der Schule in der Radickestraße zur Verfügung. Lehrer waren u.a. Thelen, der Luftschiffkonstrukteur Prof. August von Parseval, der Flugzeugkonstrukteur Hermann Dorner. Das damalige »Café Noack« gegenüber der Schule wurde zum Treffpunkt der Flugschüler, und die wiederum zum Schwarm der Adlershofer Mädchen.

Zwei technische Denkmale im Jahre 1996:
der Trudelturm und der Windkanal im Hintergrund

Die ersten Laboratoriumsgebäude der DVL entstanden 1912–14 auf dem Kasernengelände, 1915 kamen die Prüfstelle und Werft der Fliegertruppe und 1917 die »Flugmeisterei des Heeres, Adlershof« hinzu.

Während nach dem Ersten Weltkrieg von der Fliegerei selbst nicht viel übrigblieb, übernahm die DVL die Musterprüfung der für zivile Zwecke umgebauten Militärflugzeuge. Hier wurde die Junkers F 13 geprüft, das erste deutsche Verkehrsflugzeug und das erste Ganzmetall-Verkehrs-Flugzeug der Welt. Robert Thelen übernahm 1926 eine gesonderte Prüf-Abteilung. Da er nicht bereit war, der NSDAP beizutreten, mußte er das Amt wieder abgeben. Dem Flugwesen und der Hauptstadtplanung galt Hitlers ganzer Ehrgeiz. 1932 wurde neben der DVL das »Luftfahrt-Museum Adlershof« mit etwa 40 Flugzeugen eröffnet und 1934 wieder geschlossen. Zu weit draußen! Ab 1936 hatte es dann als größtes Luftfahrt-Museum der Welt nahe dem Lehrter Bahnhof einen publikumsfreundlicheren Standort und verschwand 1943 für immer aus der Berliner Stadtlandschaft.

Ihre Hochzeit erlebte die DVL in den 30er Jahren. Hitler setzte auf den Luftkrieg, und so entstanden 1932–39 Institutsgebäude und technische Bauwerke, entworfen von Hermann Brenner und Werner Deutschmann, von denen an der Rudower Chaussee etliche erhalten sind: der große Windkanal, der Trudelturm, Flugzeughangars, Prüfstände für Motoren.

Inzwischen war fast die gesamte Adlershofer Industrie auf Rüstungsproduktion umgestellt worden und beschäftigte Tausende von Fremd- und Zwangsarbeitern, die in etwa einem Dutzend Lagern untergebracht waren. Mitten im Ort, auf Fabrikgelände, in Gaststätten oder auf Sportplätzen errichtet, lebten die Adlershofer in enger Nachbarschaft mit den Baracken-Bewohnern aus Belgien, Polen, den Niederlanden, der Sowjetunion. Der Verschleiß an Menschenmassen blieb ihnen verborgen, doch der Rüstungsstandort sollte ihnen zum Verhängnis werden. Der letzte britische Luftangriff wurde in der Nacht zum 22. April 1945 geflogen, am Tag darauf schlugen die ersten sowjetischen Granaten ein, und Tiefflieger drehten ihre todbringenden Runden. In der Nacht zum 23. April erreichten sowjetische Truppenteile die Spree und richteten auf Adlershofer Seite einen Brückenkopf ein. Ein Aufklärungsbataillon rückte bis zum Flugplatz vor und meldete um 2 Uhr die Zerstörung von 70 Flugzeugen. Am 24. April waren Flugplatz und DVL erobert.

In Adlershof war der Krieg zu Ende, die Menschen konnten endlich aus den Bunkern kommen. 1942 war einer der fünf Adlershofer Bunker von Kriegsgefangenen in der Heide gebaut worden; 1945 gesprengt, ist er heute Adlershofs höchste Erhebung, auf der im Sommer viele Blumen blühen.

In der Nachkriegszeit setzte die DDR die Tradition des Forschungsstandortes an der Rudower Chaussee fort, zog in alte und baute neue Gebäude für ein großes Wissenschaftszentrum. Auf der Suche nach einem Standort 1949 hatten Wissenschaftler für Adlershof plädiert. Um die Zusage für die Räumung großer Bereiche der von der Kasernierten Volkspolizei genutzten Kasernen zu erhalten, hatten sie Staatschef Walter Ulbricht mit Schilderungen über die Ionosphärenforschung und den aufzustellenden großen Parabolspiegel fasziniert – mit Erfolg. Nur das Elite-Wachregiment Feliks Dzierzynski logierte hier, bis es 1989 nicht mehr gebraucht wurde. 1950 wurde mit dem Heinrich-Hertz-Institut für Schulungsforschung das neue Zentrum begründet. Die Akademie der Wissenschaften zog zunächst in die Verwaltungsgebäude der DVL, erhielt in den 60er Jahren spezielle Institutsbauten wie das Zentralinstitut für Physikalische Chemie, erkennbar an den zwei Kugeln, oder die Akademiewerkstätten, die heute unter Denkmalschutz stehen. Zwei Drittel der Auftragsforschung, so für die Kombinate Leuna und Buna, erfolgten hier. Das Zentralinstitut für Grundlagenforschung hatte eine Schlüsselposition, beschäftigte 650 Mitarbeiter und sucht seinesgleichen heute vergeblich.

Spektakulärstes Projekt des ebenfalls hier ansässigen Instituts für Planetenerkundung in der Deutschen Forschungsanstalt für Luft- und Raumfahrt ist die technologische Unterstützung der Marsmission »Pathfinder« der NASA. Im Berliner Institut erfolgen jene Berechnungen, mit deren Hilfe die Fahrt des Mini-Rovers auf dem Mars gesteuert wird. Von hier empfängt »Sojourner« die Signale, welchem Stein er ausweichen und welche Richtung er einschlagen muß. Grundlage dafür sind Aufnahmen, die eine Stereokamera vom Mars übermittelt. In Adlershof werden die Bilder dreidimensional erstellt und am so gewonnenen Marsmodell Höhe und Umfang eines Steines berechnet. »Pathfinder« wird jedoch nicht die letzte Mission sein, an der Adlershofer beteiligt sind. Auch bei der nächsten Mars-Expedition der Amerikaner 2001 und bei der der Europäer 2003 sind sie dabei. Dann mit der von ihnen entwickelten Stereokamera!

In den 50er Jahren etablierte sich an der Rudower Chaussee auch das Fernsehzentrum der DDR. Die Entwicklung des Fernsehens wurde unmittelbar nach dem Zweiten Weltkrieg vorangetrieben und in Windeseile und weltweit zum Massenmedium. Im geteilten Deutschland senkte sich unaufhaltsam der Eiserne Vorhang, der Kalte Krieg wurde hier frontal ausgetragen, und das Massenmedium Fernsehen war seine wirksamste Waffe. In der DDR unterstand das Fernsehen von Beginn an direkt der politischen Führung. 1950 beschloß die Generalintendanz des Rundfunks, im darauffolgenden Jahr mit einem Fernsehversuchsprogramm zu beginnen. Während im Januar 1951 die Produktion des Fernsehempfängers T 2 »Leningrad« im Sachsenwerk Radeberg anlief, wurde im Juli Richtfest für den ersten Bauabschnitt in Adlershof gefeiert. Im Februar 1952 wurde ein 100-Watt-Bildsender auf dem Turm des Stadthauses in Berlin-Mitte in Betrieb genommen und am 21. Dezember das Versuchsprogramm eröffnet. AKTUELLE KAMERA hieß die Originalsendung mit Fotonachrichten, aufgenommen mit der feststehenden aber schwenkbaren Fernseh-Kamera QP 6. Der mehr oder minder ausgeübte ideologische Druck, Propaganda für die eigene Sache und gegen den Klassenfeind zu machen, führte zu einer besonderen Form der Kreativität, die bei so manchen Fernsehproduktionen der insgesamt bunten Mischung verblüffte. Die Ambivalenz zwischen Geldnot und Verschwendung, Fortschritt und Dogma, der nicht lösbare Widerspruch zwischen Fachleuten und Politchefs, Intellekt und Parteiauftrag wurde zum grandiosen Vakuum, aus dem interessante Produktionen erblühten. Die große weite Welt suchte man im Fernsehen der DDR vergeblich, die beschränkte sich, wie im ganzen Land, auf das Schmoren im eigenen Saft. Dabei wie-

Auch wenn die Uhr nicht mehr auf dem Bildschirm tickt:
das Medienzentrum Adlershof geht mit der Zeit

derum reiften Sendungen in den Redaktionen, die von einer späteren und neutralen Fachwelt sicher in die Chronik des Fernsehens aufgenommen werden.

Der Mann, dem wir die Droge Fernsehen verdanken, war Paul Nipkow. 1883 saß der Student und spätere Ingenieur bei Kerzenschein in seiner Adlershofer Unterkunft und hatte die Idee für die Nipkow-Scheibe, das Grundprinzip des Fernsehens. Als er die Patentgebühren nicht mehr bezahlen konnte, verlor er den Anspruch. 1934 eröffnete die damalige Reichspost in Berlin den ersten deutschen Fernsehfunk und nannte ihn Fernsehsender Paul Nipkow. In Adlershof erinnern die Nipkowstraße und der Paul-Nipkow-Teleclub e.V. an ihn. Er wird die Entstehung des neuen Medien-, Kongreß- und Kommunikationszentrums dokumentieren.

Der Deutsche Fernsehfunk, wie das Fernsehen der DDR am Anfang und am Ende hieß, war eine gewaltige Fernsehstadt mit fast 6.000 Beschäftigten. Das Planziel, den Klassenfeind zu überstrahlen, hat er nie erreicht, doch Fans für Adlershofer Fernsehkreationen gibt es so richtig erst nach der Wende.

Siebter Spaziergang

Altglienicke – Aufschwung Süd am »Panamakanal«

Vom S-Bahnhof Grünau auf den Falkenberg

Ist das noch Berlin? wird der Tourist fragen und sich über die Antwort wundern – fährt er mit der S-Bahn nach Altglienicke. Denn – ruckt die Bahn in Adlershof wieder an, beginnt die Fahrt »in't Jrüne«. Auf der rechten Seite überragen alsbald der rote Wasserturm und der Kirchturm von Altglienicke die Bäume. Am S-Bahnhof Grünau, der anläßlich der Olympiade 1936 – die Wassersportwettkämpfe wurden auf der Dahme ausgetragen – umgebaut wurde, verläßt man den Bahnhof in Fahrtrichtung rechts. Auf dem Vorplatz Busse, Taxen, ein Zebrastreifen aus DDR-Zeiten, an dem Fußgänger schon mal einem Auto zuwinken: *Komm', den lassen wir rüber!*, Imbißbuden, Flachbau (Kaufhalle) und Wartehäuschen. Pferdedroschken sind vorstellbar, gibt es aber nicht mehr.

Ein weiter Weg führt rechts nach Altglienicke, links nach Bohnsdorf, zwei Dörfer, die 1373 und 1375 von den Landvermessern Kaiser Karls IV. ordnungsgemäß in das Landbuch eingetragen, 1920 zu Groß-Berlin eingemeindet und nach einigem Hin und Her endgültig dem Stadtbezirk Treptow zugeordnet wurden. Die Landschaft im Südosten ist märkisch, die Leute, die hier wohnen, sind großstadtunwillig oder ihrer überdrüssig. Als 1919 der Berliner Oberbürgermeister Adolf Wermuth die Pläne zur Eingemeindung bekanntgab, schätzte er Altglienicke zunächst als *zweifelhaft* und Bohnsdorf für *nicht notwendig* ein. Und doch wurden sie hauptstädtisches Gebiet, was das Ende ihrer Dörflichkeit bedeutete. In Altglienicke wurde die ländlich-sittliche Lebensform beibehalten und kultiviert. Die meisten Bewohner nennen sich heute gern Siedler. Sie wohnen in einer Siedlung, kaufen ein im Siedlerbedarf, trinken das Feierabendbier im Siedlertreff, singen im Siedlerchor oder sind Mitglieder im Siedlerverein.

Ursprünglich war Altglienicke ein Straßendorf, zwangsläufig, denn südlich der Straße Am Falkenberg steigen die Lehmhügel des Teltow-Plateaus bis zu 60 Meter an, und nördlich begann das Sumpfgebiet, in dem man nach ein paar Schritten unweigerlich landete. Eine Chronik berichtet vom tragischen Schicksal des Küsters Hacke, der zwischen Köpenick und Altglienicke zum Läuten unterwegs war. Er *verklamte und verfror*, weil die Nebel im Sumpf am Plumpengraben undurchdringlich waren. Der Plumpengraben ist heute nebelfrei, der Sumpf trockengelegt, nur der Lehm auf den Hügeln ist geblieben. Der Name Glienicke besteht noch immer zu Recht, denn Lehm heißt slawisch glina. Wen wunderts, daß 20 Orte in der Mark so benannt wurden. Nachbarschaftliche Beziehungen pflegte das ehemalige Altglienicke zu Rudow – das nahe Bohnsdorf lehnte das proletarische Altglienicke ab (und umgekehrt) und fühlte sich zum vornehmeren Grünau hingezogen –, doch der Mauerbau beendete die Nachbarschaft, die seit 1945 nachkriegspolitisch gelöst war: Altglienicke lag im sowjetischen, Rudow im amerikanischen Sektor.

Als Kronprinz Friedrich, später König Friedrich I., das Jagdschloß Köpenick auf der Dahmeinsel zur barocken Sommerresidenz umbauen ließ, machte er das Schulzengut Glienicke zum Domänialbesitz und zwang so die Bauern, die es ohnehin schon schwer hatten, der Boden war landwirtschaftlich kaum nutzbar, zu Abgaben und Arbeitsleistungen. Von den zwei Vorwerken ist der Richterhof – benannt nach dem letzten Gutsbesitzer – erhalten. Er steht am Fuße des Falkenbergs in der Richterstraße, nur ein paar Schritte vom S-Bahnhof Grünau entfernt. Hinter hohen Bäumen, wuchernden Büschen und einem Zaun bröckeln die Fassade und der Brunnen im Vorgarten der Anlage, die Bohnsdorf näher ist als

Altglienicke. Erst Anfang unseres Jahrhunderts wurde die bald zwei Kilometer lange Verbindungsstraße zum Dorf gepflastert und bepflanzt. 1911 verkaufte Richter seinen Besitz, der sich weit auf den Falkenberg erstreckte, an die Falkenberger Baugenossenschaft. Die machte mit einem ungewöhnlichen Wohnprojekt von sich reden, von dem später nur der berühmt gewordene Akazienhof und der Gartenstadtweg des Architekten Bruno Taut verwirklicht wurden.

Ab 1937 hatte der Metallgestalter Fritz Kühn begonnen, in den Stallgebäuden des Vorwerks eine Werkstatt mit Schmiede einzurichten. Hier entwarf und modellierte er Formen und Figuren, die, in Bronze gegossen, zahlreiche Gebäude und Plätze in Berlin, in Deutschland und im Ausland schmükken. Auf erstaunlich leichte Weise zieren materialschwere Eingangsportale in Berlins Mitte alte und neue Gebäude. Die Kunstschmiede wird heute von Achim Kühn, dem Sohn, weitergeführt, und auf dessen Schmiedekunst trifft man in fast jedem Treptower Ortsteil. Besucht man ihn auf dem Gutshof, begegnet man metallenen Gestalten, die, vom Wind bewegt, an die Legende von Don Quichote erinnern.

Läuft man von hier die Straße Am Falkenberg entlang, schaut man rechts über die Baumwipfel hinweg und links die Hügel hinauf, die, nicht immer offiziell, Falkenberg, Sachsenberg oder Mühlenberg heißen. Auf dem Plateau reiht sich Siedlung an Siedlung: Falkenhöhe, Altglienicker Höhe, Altglienicker Grund, Sachsenberg, Wegedorn oder Rehpfuhl. Es kann schon vorkommen, daß einem beim Wandern die Puste ausgeht, die Dorfgeschichte Altglienickes dagegen hat sich zu ebener Erde abgespielt.

Die Siedelei begann um die Jahrhundertwende, als es in Berlin enger und stickiger wurde, das Großbürgertum sich in Landhäuser zurückzog oder im westlichen Umland neue baute, die begüterte Mittelschicht den neuen Westen als exklusive Wohngegend für sich entdeckte oder in die nach englischem Vorbild gebauten Gartenstadtmodelle in Wilmersdorf oder Friedenau einzog. Der grüne Gürtel um die Innenstadt verschwand, und für die Berliner wurde der Weg »in't Jrüne« immer länger. So kreierte das Industrieproletariat eine neue Art von Lebensqualität, die als Schrebergartenmentalität noch heute die Großstädter ziert. In Altglienicke war das die Geburtsstunde der Siedlerbewegung.

Zählten die Gemeinden Alt- und Neu-Glienicke 1850/51 noch 622 Einwohner, waren es 1895 schon 3.273. Alt-Glienicke war das Bauerndorf, Neu-Glienicke die Kolonistensiedlung aus dem 18. Jahrhundert, die sich schweren Herzens 1893 zu Altglienicke zusammenschlossen. Hunderte der neuen Bewohner waren als Fabrikarbeiter in Adlershof, Köpenick und Niederschöneweide tätig. Als die Berlin-Görlitzer Eisenbahn gebaut wurde, sollte sie am Falkenberg entlangführen, doch die Altglienicker Bauern stellten kein Land zur Verfügung. Sie steuerten Sand bei. Sand vom Falkenberg wurde für den Unterbau der Gleise, zur Aufschüttung der Wiener Straße und des (Spreewald-)Platzes am Görlitzer Bahnhof transportiert. Auf einen eigenen S-Bahnhof jedoch mußte Altglienicke bis 1962 warten. Der nächste Haltepunkt war Süßer Grund, der spätere S-Bahnhof Adlershof. Doch der war weit, und der Weg dorthin führte durch feuchte Niederungen und Sumpfgebiet. Erst 1909, als die *Elektrische* den Pferdeomnibus ablöste, erhielt Altglienicke Anschluß an die große Welt – die Bahn fuhr bis Köpenick.

Das weit größere Problem aber war das Wasser in den Niederungen. Im Kreis Teltow gab es keine natürliche Entwässerung. Und so plante man, verbunden mit der Hoffnung auf wirtschaftlichen Aufschwung, den Bau eines Kanals.

Der Teltowkanal bezeichnet einen Großschiffahrtsweg im Süden von Berlin, wo er in die Dahme mündet. *Seiner Majestät zur Ehre, der Mark zum Nutzen* – sprach der Kronprinz und tat am 22. Dezember 1900 den ersten Spatenstich im Schloßpark von Babelsberg.

Für Altglienicke begann ein neues Zeitalter.

Die Altglienicker nahmen hautnah am Baugeschehen teil. Mit den ungeheuren Mengen Baggergut wurde teilweise die

Altglienicker Aufschwung am Teltowkanal

Berlin-Görlitzer Eisenbahn angehoben und viergleisig ausgebaut, die Straße Am Falkenberg wieder aufgeschüttet. Die Funde, wie Elchschaufeln, Mammutknochen, Urnenbeigefäße und Schüsseln übergab der Altglienicker Bauführer Herr Rebien stolz dem Königlichen Museum für Völkerkunde, und da kann man sie heute noch bestaunen. Am 2. Juni 1906 machte Kaiser Wilhelm II. mit großem Gefolge eine Besichtigungsfahrt auf der Kaiserjacht »Alexandria« – und der Teltowkanal war eröffnet.

Noch um 1900 wurden Lastschiffe an verkehrsarmen Wasserstraßen durch Menschentreidelei befördert, bei größeren Entfernungen durch Pferdetreidelei. Der Ausbau des Eisenbahnnetzes führte zum Wettbewerbsdruck und zur Umstellung auf elektrische Treidelei. Treidellokomotiven wurden seit 1898 auf der Versuchsstrecke in Finow getestet. Schiffe mit Dampfkraft waren auf dem Kanal lange verboten, sie machten zu hohe Wellen, und man befürchtete das Ausspülen der Uferbefestigung. Auf dem Teltowkanal, außerhalb von Berlin, durften nur Passagierdampfer fahren, die kleine Wellen verursachten.

Die Altglienicker konnten aufatmen, denn nun wurde das Ufergebiet weitgehend entwässert und 1903 am Korkedamm eine Kanalbrücke gebaut. Fast schlagartig war aus dem gefährlichen Sumpf begehrliches Bauland geworden. Lösch- und Ladeplätze wurden eingerichtet, Brücken, Hafenanlagen, Lagerhäuser und Industriebetriebe gebaut. Der Aufschwung begann, und die Ortschaften am Kanal starteten in eine neue Etappe. Nach Einweihung des Kanals mußte man für einen Hektar Ufergelände bereits 37.000 Mark zahlen. Mit dem wirtschaftlichen Aufschwung hielt die Korruption Einzug, und der Volksmund nannte den Kanal bald Panamakanal.

In Altglienicke hatte man schnell begriffen, daß die bunte Wiese reizvoll, als Bauland aber wertvoll war, und die Bauern verkauften ihr Land. Die Nachfrage war groß, die Preise stiegen, auch Altglienickes Bekanntheitsgrad. Etliche Adlershofer Bauern kauften Land auf dem Falkenberg und bauten Häuser. Hier oben war die Luft gut, das Land noch nicht erschlossen, der Blick auf dem Plateau frei bis zur Dahme und zu den Müggelbergen. Diesen Vorzug entdeckten natürlich auch jene, die weniger Natur- als Geschäftsfreunde waren; Grundstücksspekulanten gründeten Terraingesellschaften, kauften Land und machten Altglienicke zum Luftkurort, doch das nur für die Dauer einer Werbekampagne.

Auf dem Falkenberg hatte die Parzellierung schon 1896 begonnen, mit dem Kanalbau wuchs das Kaufinteresse. 1902 gründeten 21 Ansiedler aus Berlin den Haus- und Grundbesitzerverein Falkenberg-Altglienicke. Zwei Straßennamen erinnern an den Vorsitzenden Otto Rose und das Mitglied Herrn Schirner. Sie kauften und verkauften Land an Berliner Geschäftsleute, Offiziere, Beamte, und alsbald entstand ein gutbürgerliches Wohnviertel. Ihr Plan jedoch, Altglienicke zur vornehmen Adresse zu machen, gelang nicht. Luft und Sonne reichten weder zum Repräsentieren noch für den eigenen Anspruch. Die Stadt mit ihren Annehmlichkeiten und Genüssen war weit. Ein halbes Jahrhundert später scheiterten Pläne der DDR, hier Stadthäuser für Diplomaten zu bauen, aus eben diesen Gründen. Aber nicht nur der Villenbau stockte, das Gründungsfieber sank auf Null. Hier war man nicht nur j.w.d., sondern *am Arsch der Welt.*

Und damit war der Weg frei für eine andere Form der Besiedelung, um die sich Wohnungsreformer seit dem ausgehenden 19. Jahrhundert bemühten, den sozialen Massenwohnungsbau. Für die Wohnungsbaugenossenschaften war die märkische Landschaft genau richtig, luftig für das neue Gesundheitsbewußtsein und billig, um sich etwas aufzubauen. Die Reform des Wohnungsbaus war von allgemeinem Interesse, und der große Berliner Städtetag von 1910 hatte ihn breit behandelt. In Hellerau bei Dresden machten die ersten deutschen Gartenstädte von sich reden. In der Kunst versuchte man Gesellschaftskritik wachzuhalten, Carl Sternheim brachte seine Bürgerkomödien heraus, und der Architekt Bruno Taut vertiefte sich in die Gesellschaftskritik der Skandinavier. 1912 entwarf er für die Gartenstadtgesellschaft den Bebauungsplan und die Haustypen für eine Siedlung *auf dem hügeligen Gelände eines ehemaligen großen Gutes* am Falkenberg. Gebaut wurde ab 1913 nur der bunte Akazienhof und anschließend der Gartenstadtweg bis 1915. Tauts erste Großberliner Reihenhaussiedlung platzte mitten in die angespannte Situation: Kampf gegen die Mietskaserne, und wurde zum Mekka für die Fachwelt und zum Diskussionsgegenstand in der Kommunal-, Gesellschafts- und Kulturpolitik. Das Verblüffendste an dieser Kleinhausarchitektur war die Farbe. »Kolonie Tuschkasten« nannten sie abfällig die Gegner. Die Farbe an Häusern *ohne architektonische Scherze* (Taut), leuchtend wie bei den Expressionisten – Taut liebte die Farbenglut des Malers Franz Marc –, das war deutlich und avantgardistisch. Die Wohnungen waren funktional, das Leben darin sollte fröhlich und rebellisch sein – und die Bewohner machten mit.

Nicht alle waren, wie vorgesehen, Arbeiterfamilien, das Bauen war teuer. Doch gerade diese waren sehr aktiv und prägten das Leben der Gartenstadt und auch das war bunt. Eine reiche Fest- und Gemeinschaftskultur war weithin als gesellschaftlicher Höhepunkt beliebt und wirkte magnetisch. Partner wurde die 1913 eröffnete Volksbühne am Bülowplatz (Rosa-Luxemburg-Platz), und Künstler wie Erich Mühsam, Gret Palucca oder Erich Weinert waren häufige Gäste. Hatten schon zu Beginn benachbarte Villenbesitzer die Bewohner mit Beschimpfungen wie Hühnerdiebe und Anarchisten zur Räson bringen wollen, gelang das den Nationalsozialisten prompt. Ein Schleier von Angst, Schrecken und Unentschlossenheit legte sich über die Siedlung und nahm der Farbe jeden Glanz. Die DDR bemühte sich später, die Tradition wiederzubeleben. Doch der Funke bei den von oben verordneten Festen sprang nicht über, die Fassaden der Häuser blieben grau, das Leuchten war erloschen.

Weniger progressiv baute Hermann Muthesius, Mitbegründer des Werkbundes und bis 1914 führender Villenarchitekt, 1911–14 zwischen Preußen- und Germanenstaße einen Wohnhof mit Arbeiter-Reihenhäusern und einem Kinderspielplatz. Er gab dem Typenhaus eine englische Landhausform, in der Überzeugung, auch der Arbeiter träume von der eigenen Villa. Nicht progressiv aber realistisch, bis heute – die Ernüchterung erreicht den Betrachter vor Ort.

Auf den Hügelplateaus von Altglienicke wuchs eine Siedlung nach der anderen, Reihenhäuser mit Vor- und Gemüsegarten, mit oder ohne Stall. Durch Straßennamen gebündelt als Orientierungshilfe, geben sie Aufschluß über Neigungen der Erbauer und über den Zeitgeschmack: Märchen und Sagen, Fauna und Flora, Obst und Gemüse. Von Mundolf, Markulf, Bernulf geht es zu Markomannen, Alemannen, Teutonen und Semnonen.

Für das 1988 fertiggestellte Wohngebiet 2 in der Südwestecke von Altglienicke holte man die Straßennamen aus dem Weltall. Der Zukunft zugewandt, die bekanntlich in den Sternen steht, ragen die Acht- und Elfgeschosser mit 7.000 Einwohnern an Sirius-, Uranus- oder Venusstraße empor. Anfang der 90er Jahre entdeckte der Senat die *großen Wohnungsbaupotentiale in Altglienicke,* bezeichnete das Wohngebiet 2 der DDR als *implantierte Komplexbauinsel* und schickte das Wohngebiet 1 für weitere 2.500 Wohnungen auf den Weg. Auf dem Falkenberg soll die Idee der Gartenstadt vollendet werden. Geplant sind 1.500 Wohnungen und statt der Obst- und Gemüsegärten Parkplätze. Die frohe Botschaft des Senats ist, daß sich zur Jahrtausendwende die Einwohnerzahl von 15.000 auf 37.000 erhöhen wird.

Zu den sogenannten Erwerbslosensiedlungen, die ohne Pläne namhafter Architekten aus Billigmaterial hochgezogen wurden, gehörte die Siedlung Spreetal, doch die hat Karriere gemacht. Irrgarten nannten die Altglienicker den Sumpf zwischen Plumpengraben und Adlergestell, der auch nach dem Bau des »Panamakanals« nicht trocknete. Wie in einem Biotop schwirrte und surrte es über dem morastigen Grund, Schilf und Weiden wuchsen in Hülle und Fülle, die Weltwirtschaftskrise schüttelte Land und Leute. Ein Dach über dem Kopf, im Garten Mohrrüben und Kartoffeln, das war zunächst das Siedlungsangebot. Die Straßen benannte man aus Geldmangel nach den Planstraßennummern des damals erstellten Erschließungsplans. Die gelten noch heute, von 72 bis 81, nur die Häuschen gehen mit der Zeit, wobei ihnen die über Jahrzehnte praktizierte Marke Eigenbau eine gewisse Exotik verleiht.

1935–39 baute die Gagfah 397 Kleinsiedlungshäuser für Angestellte der Reichsversicherungsanstalt, RfA. Straßennamen wie Bernulf- oder Ortolfstraße, Dankmar- oder Gerosteig sind hier die Wegweiser.

Siedlungen wurden von den Nationalsozialisten vehement propagiert, doch wenig gebaut. Als Kernstück nationalsozialistischer Wohnungsbaupolitik sollten sie als aufgelockerte

Siedlerglück im Jahre 1996

Wohnzonen am Stadtring die geplanten Umbaumaßnahmen der Reichshauptstadt nicht einschränken. Die *Heimstätte,* nach nationalsozialistischen Vorstellungen im *Heimatschutzstil,* sollte die *heimatlosen Großstädter wieder an die Scholle binden,* die *Verbundenheit zur deutschen Erde* wiederherstellen. *Heimische Materialien und Bauweisen* – Giebel-, Sattel-, Walmdach galten als deutsche Dächer – sollten der *Haltlosigkeit und Entwurzelung deutscher Volksmassen, lebend in undeutschen Mietskasernen, entgegenwirken.* Auch erhöhte der Gedanke an *Haus und Hof* die Bereitschaft zur *Verteidigung der Heimat.*

Die Siedlungsstruktur in Altglienicke ist homogen. Kaum ein Haus ist höher als das andere, ja sogar die Bäume scheinen sich daran zu halten. Zu den wenigen Gebäuden, die wahrlich Höhepunkte der Siedlungen sind, gehört der eingangs erwähnte ziegelrote Wasserturm in der Schirnerstraße. Zusammen mit dem Wasserwerk 1905/06 von Heinrich Steven gebaut, ragt er mit 38,55 Metern weit über die übliche Bauhöhe hinaus. Von den Altglienickern wurde er gern auch artfremd genutzt, für Feste oder Gottesdienste. Nun ist er funktionsuntüchtig, und der Denkmalschutz rettet ihn vor dem Abriß, doch nicht vor dem Verfall. Gesucht wird dringend ein Investor mit Sinn für die Backsteinschönheit!

Auf gleicher Höhe steht in der Rosestraße die sogenannte Zwiebelkirche von Otto Risse. Sie ist umgeben von Villen und einem wuchernden Garten, und es kann sein, daß man bei ihrem Anblick eher einen Villenbesitzer mit exzentrischem Geschmack vermutet als ein Gotteshaus. Im Nationalsozialismus wurden Wohnungen zu Heimstätten und Kirchenneubauten zu Gemeindeheimen. Die Namensgebung erfolgte ebenfalls unter nationalsozialistischer Flagge. Das »Evangelische Gemeindeheim Ernst Moritz Arndt« wurde 1937 eingeweiht, und auf einer der beiden Glocken ist ein Hakenkreuz eingraviert. 1989 aber wurde hier das Neue Forum gegründet und später der Altglienicker Runde Tisch eingerichtet.

Als das Dorf in Altglienicke noch den Ton angab, wurden Standesunterschiede klar definiert. Vereine konkurrierten, so der bürgerliche Gesangverein Harmonia mit dem Arbeiterverein Liebesleben, dessen Mitglieder zumeist aus den Siedlungen kamen. Da fast jeder Verein mit mindestens einer Veranstaltung im Jahr wie Stiftungs- oder Frühlingsfest, Sportler- oder Maskenball für gesellschaftliches Amüsement sorgte, ging in Altglienicke erstaunlich oft »die Post ab«. Bis zum Beginn des Zweiten Weltkriegs vergnügte man sich in drei Tanzsälen im Dorf: bei »Haberecht« links neben der Dorfkirche oder bei »Ebel« gegenüber der Dorfkirche an der scharfen Ecke der Köpenicker- und Semmelweisstraße oder

Treptower Köpfe

im »Deutschen Haus« in der Grünauer Straße. Geblieben ist »Ebel«, die scharfe Ecke ist zugemauert und jeder, der davorsteht, weiß warum. Im »Deutschen Haus« kann man jetzt kroatisch essen, vom Saalbau steht eine Reminiszenz im Hof.

Wenn auch die berühmten Siedlerfeste der 20er Jahre nicht mehr stattfinden und damaliger Gemeinschaftsgeist heutiger Wohlstandsträgheit gewichen ist, Künstler gibt es allemal in Altglienicke. Statt Siedler sind sie eher Genießer, umgeben mehr von Rosen- als Mohrrübenbeeten. Jede Sparte ist vertreten, Theater- und Opernleute, Maler und Grafiker, Autoren, Illustratoren, Bildhauer. Zu DDR-Zeiten, als der zeitraubende Leistungsdruck noch an der Mauer haltmachte, trafen sie sich beim Kunstschmied Kühn oder im Scheunenatelier des Bildhauers Werner Stötzer, der gern erzählte. Seine Erlebnisse gaben den Stoff für das Drehbuch zum DEFA-Film »Der nackte Mann auf dem Sportplatz« von Wolfgang Kohlhaase, einem ehemaligen Adlershofer. Konrad Wolf führte Regie, die Hauptrollen spielten Kurt Böwe und Ursula Karusseit. Altglienicke wurde zum Drehort, einige Altglienicker und Werner Stötzer vorübergehend zu Schauspielern im kleinen Fach, andere zu Kleindarstellern und Statisten und der Film zu einem großen Erfolg. Helmut Müller-Lankow, Schauspieler am Maxim-Gorki-Theater, gab dem Traumzauberbaum auf Reinhard Lakomys gleichnamiger Platte die Stimme und Gerhard Lahr, lesenden Kindern und Märchenbuchfreunden als vielseitiger Illustrator bekannt, entwirft seine phantasievollen Bilder in seinem kleinen Haus in der Spreesiedlung. Hans-Eberhard Ernst, der humorvolle Grafiker aus der Gagfah-Siedlung hat sich rechtzeitig die wertvollste Siedlereigenschaft zugelegt: Ihn kann nischt erschüttern. Auch Kameramann Jürgen Heimlich oder Schauspieler Willi Schwabe waren einst Siedler. Letzterer war wohl der populärste Altglienicker. Er radelte bei Wind und Wetter durch den Ort und zur S-Bahn, mit der er zum Berliner Ensemble am Schiffbauerdamm fuhr. Hier stand Willi Schwabe, noch zu Brechts Lebzeiten und bis zu seinem eigenen Ende auf der Bühne.

Das Fernsehen machte den Grandseigneur mit seinen Filmerinnerungen aus der Ufa-Zeit, der »Rumpelkammer«, lange Jahre zum Montagabendereignis im deutschsprachigen Teleraum. Um in Altglienicke die wohlverdiente letzte Ruhe anzutreten, dazu war er wohl zu berühmt. So muß man denn auf den Dorotheenstädtischen Friedhof, wo sich ein Besuch bei ihm mit dem bei Anna Seghers und viel deutscher Prominenz verbinden läßt.

Achter Spaziergang

Bohnsdorf – Schlußlicht hinterm Berg

Rund um den Dorfplatz

Bohnsdorf ist das dörflichste und schönste Dorf von Groß-Berlin. Alle übrigen noch vorhandenen Dorfkerne sind unverkennbar vom Flair der Vorstadt gezeichnet, zu der sie sich spätestens ab 1900 herausputzten. Der Bohnsdorfer Dorfkern ist komplett erhalten. Die kargen Bauerngehöfte aus Backstein und Putz mit Ställen und Scheunen stehen um einen quadratischen Hof mit Kopfsteinpflaster. Dahinter wogten einstmals Kornfelder, dufteten Wiesen, und auf den Weiden blökten Schafe. In den schmalen Vorgärten zum Dorfplatz, der längst auch postalisch akzeptiert ist: Dorfplatz 1, 2, 3 ... und weiter, blüht im Sommer ein heimisches Blumengemisch, geschützt und begrenzt mit Zäunen aus Schmiedeeisen. Daneben stehen die gemauerten Hofeinfahrten mit hölzernen Torflügeln und auf dem Anger des Runddorfes eine elegante weiße Kirche, Barock natürlich. Davor der Dorfteich, gestaltet zum Schmuckplatz und umgeben von düsterem Busch- und Baumwerk. Pferdegetrappel ist nur noch selten zu hören, Misthaufen sind selten zu riechen und die Gemüseläden voll mit Äpfeln aus Neuseeland und Gurken aus Holland. Das einstige Pendant zur Kirche, nicht weniger majestätisch, aber hinter den Gehöften, war die Bockwindmühle ganz aus Holz, und wenn sie Wind bekam, drehten sich ihre großen Flügel. Und der Dorfkrug? Der steht noch heute an der nördlichen Kirchseite und ist uralt. *Taverna deserta est* vermerkten die Landvermesser, als sie ihn und Bohnsdorf 1375 in das Landbuch eintrugen – der steckte also schon in der Krise.

Uralt ist das Dorf Bohnsdorf, seine Geschichte lang. Kamen die Gemeinden des heutigen Stadtbezirks Treptow erst gegen Ende des 19. Jahrhunderts so richtig in Schwung – Bohnsdorf hatte seine wilden Zeiten schon im Mittelalter erlebt. Bohnsdorf gehörte zum Ostteltow, wo es beileibe nicht friedlich zuging. Den Siedlern, die mit der deutschen Ostexpansion hierhergekommen waren, hatte man blühende Landschaften versprochen – schon Ende des 12. Jahrhunderts! Naja, blühen tat nichts, das Gegenteil war der Fall. Der Teltow wurde hin und her verschachert. 1240 kam er an die Askanier, dann an Kaiser Karl IV. Dessen Sinn für das Verwaltungswesen ist bekannt, er ließ alles zählen und alles aufschreiben, wofür ihm Historiker und Chronisten seit Jahrhunderten dankbar sind. Durch Verpfändung kamen die berüchtigten Raubritter von Quitzow in die Mark, auch nach Bohnsdorf und wurden zur Landplage. Massive Beschwerden führten zum Personalwechsel und zum Frieden – doch nicht zum Aufschwung. Der neue Statthalter, Sohn des ersten Zollernfürsten Friedrich I., interessierte sich ausschließlich für Alchimie und nicht für die Mark, geschweige für Bohnsdorf. Sein Bruder, Friedrich Eisenzahn, verpfändete Bohnsdorf an den späteren Cöllner Bürgermeister, der es wegen seiner Teilnahme am Berliner Unwillen 1448 vorübergehend wieder verlor. Von nun an ging Bohnsdorf bevorzugt als Pfand an betuchte Kaufmannsfamilien aus Berlin-Cölln, die in Angst und Schrecken vor Raub und Pfändungen lebten, da alle Kurfürsten permanent in Geldnot waren. Dieser Zustand währte fast zwei Jahrhunderte. Erst unter Kurfürst Joachim Friedrich kam ab 1599 Ruhe ins Dorf, und die sieben Bohnsdorfer Bauern und zwei Kossäten konnten sich endlich um die Landwirtschaft kümmern.

Das Denkmal für den seligen Kurfürsten, das später Friedrich Wilhelm IV. bei Architekt August Stüler in Auftrag gab, wurde 1845 im Wald zwischen Grünau und Bohnsdorf aufgestellt. Es mußte im Zweiten Weltkrieg weichen für die Anlage des Bahnbetriebswerks, geblieben ist sein Name in der Joachimstraße, an deren Verlängerung über den Plumpengraben hinweg das Denkmal stand.

Die nächsten Katastrophen brachte der Dreißigjährige Krieg über die Mark. 1652 ließ der Große Kurfürst Friedrich Wilhelm eine Aufstellung der übriggebliebenen wehrtüchtigen Männer anfertigen. Das Ergebnis war kläglich, gibt heute jedoch genaue Kenntnis über die damalige Einwohnerschaft. Namen wie Hannemann und Haberecht haben sich erhalten. Einen der ältesten Hannemann-Höfe findet man in der Semmelweisstraße in Altglienicke, bewohnt von Willi Hannemann und Familie. Ein Sproß der Haberechts, ansässig ebenfalls in Altglienicke, pflegte die erd- und naturverbundenen Traditionen seiner Väter viele Jahre mit Vorhersagen des Wetterdienstes Potsdam.

Mitten im Siebenjährigen Krieg weihten die Bohnsdorfer 1757 ihre neue Kirche ein, für die sie die Feldsteine selbst rangeschleppt hatten. Der Entwurf des Spandauer Bauinspektors Johann Friedrich Lehmann wurde vom Maurermeister Abraham Lehmann ausgeführt. Kleinere Um- und Anbauten im Laufe der Zeit und eine umfangreiche Restaurierung 1937 haben die Schönheit des ältesten Bohnsdorfer Gebäudes nicht beeinträchtigt und auch der Gang ins Innere ist empfehlenswert. Nachdem die Weltkriege alle Metallgegenstände verschlungen haben, sind das neue Taufbecken, zwei Standleuchter vom Kunstschmied Fritz Kühn, drei neue Standstahlglocken aus Apolda und die Orgel der bekannten Firma Sauer aus Frankfurt an der Oder (u.a. Orgel im Berliner Dom) Kostbarkeiten der Ausstattung.

Gewöhnt an ungewöhnliche Lebensumstände, taten sich die Bohnsdorfer Bauern dagegen schwer, als 1764 Kolonisten aus der Rheinpfalz auf dem Vorwerksgrundstück Neu-Bohnsdorf gründeten. Doch die Kolonisierung blieb, wie wir wissen, nicht die einzige Neuerung jener Jahre. Friedrich II. hatte alle Pfarrer und Schulmeister verpflichtet, in Dörfern und Kolonien für den Anbau von Maulbeerbäumen zu sorgen, so daß für Nebenjobs, wie schon damals üblich und notwendig, kaum Zeit blieb. Der Schulmeister wurde ohnehin von den Bauern durchgefüttert und verdiente sich ein paar Groschen nebenbei, indem er dem Küster zur Hand ging, mit raumpflegerischen Tätigkeiten, Singen und Läuten. Ab 1780 unterrichtete ein Hirte die Kinder in Himmelskunde, Lesen und Schreiben, rechnen konnte er nicht. Wenn nötig, betätigte er sich als Totengräber. Es ist überliefert, daß er *für eine Leiche* ein Brot, einen Groschen und sechs Pfennige bekam. Das Leid der Kollegen Lehrer von einst wird heute, so könnte man annehmen, mit dem begehrten Beamtenstatus geehrt. 1834 wurde am Dorfplatz ein neues Schulhaus fertig, gebaut aus im Ort gebrannten Lehmziegeln, Lehm gabs auch in Bohnsdorf genug. Das Dorf nutzte die Ruhe nach den Turbulenzen der letzten Jahrhunderte und wurde aktiv. Nach dem Motto *Einigkeit macht stark*, schlossen sich Alt- und Neu-Bohnsdorf 1865 zu Bohnsdorf zusammen, und man ging an den Ausbau des Dorfes. Zunächst leistete das Dorf sich endlich einen eigenen Schmied. Der Laufschmied August Lüdtke wurde zum Wohnschmied und baute 1868 ein Haus in der Glienicker Straße, das heute mit der Nummer 522 verblüfft. Sein Sohn errichtete 1905 gegenüber, Nr. 523, eine neue Schmiede, die noch heute in Betrieb ist. Rüdiger Roehl und Jan Skuin sind Kunstschmiede, die ihr Handwerk bei Fritz Kühn in Altglienicke erlernten und seit 1973 freiberuflich mit dem »heißen Eisen« aus Vergangenheit und Gegenwart umgehen.

Die nächste Bohnsdorfer Anschaffung war die Mühle, eine echte Ranschaffung. 1872 transportierte der Müller August Urner mit Pferdefuhrwerken die 1820 in Köpenick gebaute Bockwindmühle nach Bohnsdorf. 1894 kam dann ein größeres Haus mit Bäckerei dazu, das heute noch steht. In der Mühle wurde bis 1938 gemahlen. Danach begann ihr Schicksal als Baudenkmal, zu dem sie, kriegsbeschädigt, 1958 ernannt wurde. Sie war eine der fünf Windmühlen in Ost- und Westberlin, jedoch die einzige Bockwindmühle, bei der das ganze Mühlenhaus in den Wind gedreht werden mußte. Die

Der Taubenturm am Dorfplatz 7

Kosten einer Wiederherstellung wurden mit jedem Jahr höher, und so strich man sie 1976 wieder von der Denkmalliste. 1982 gab sie das Amt für Denkmalpflege zum Verkauf frei, den die Firma »Kunst und Antiquitäten GmbH« aus Mühlenbeck, ein KoKo-Unternehmen, *zum Vorteil der DDR* tätigte. Wieder ging die Mühle auf große Fahrt, in den Westen. Da steht sie, restauriert und von Tausenden bewundert, im Museum für Verkehr und Technik in Berlin-Kreuzberg. In Bohnsdorf erinnert der Mühlenweg an ihren 100jährigen Standort und auf dem Dorffriedhof zwei Grabmale der Müllermeister. Ein Mühlstein blieb am Ort. Im benachbarten Garten der Kunstschmiede liegt er nun still und »serviert« die appetitlichen Dinge des Lebens – als Tischplatte.

Die Häuser am Anger blieben eingeschossig und in Bauernhand. Die Fassaden der Wohnhäuser wurden verputzt, die Wirtschaftsgebäude erweitert. Es entstand der sogenannte Vierseithof mit Ställen und Scheune aus Ziegeln, gepflastert mit Feldsteinen und in der Mitte ein, mitunter architektonisch verspielter, Taubenturm. Damals umgeben von dampfendem Mist, sind die zwei erhaltenen Türmchen heute Gegenstand unzähliger Fotografen auf deren Suche nach dem anderen und dem vergangenen Berlin. Der Dorfcharakter blieb stimmig – sieht man vom Großbauernhof am Dorfplatz 4 einmal ab, der als einer der wenigen einen Ausflug in die Maurermeisterarchitektur der Neureichen um die Jahrhundertwende unternahm; die Bauern waren unter sich und betrieben Landwirtschaft bis zur Eingemeindung 1920.

So blieb der Dorfkern unbehelligt von der Bautätigkeit, die seit den 90er Jahren des 19. Jahrhunderts in Bahnhofsnähe begann und sich bis in die 30er Jahre des 20. Jahrhunderts bis zum Dorfrand fortsetzte. 1898 entstand zur Verwunderung der Bohnsdorfer Bauern auf dem Buntzelberg ein Schloß. Der Gartenbaudirektor Max Buntzel, Mitglied der uns bekannten Familie aus Niederschöneweide, ließ auf dem östlichen Teil des Falkenbergs ein pompöses Haus mit hohem Turm errichten und einen großen Garten kunstvoll den Berg hinunter anlegen. Doch schon 1925 wurde aus dem Schloß die »Hedwigshöhe«, eine Zweigstelle des katholischen St. Hedwig-Krankenhauses. Die Höhenluft des Falkenberges genießen dort bis heute Patienten. Kommt man vom S-Bahnhof Grünau in die Buntzelstraße, tut der Betrachter recht, die Wiesenlandschaft rechts hügelan ein Breughelsches Motiv zu nennen. Da, wo die Bewaldung beginnt, sind Reste der Einfahrt erhalten. Als Kastanienallee angelegt, geht es steil und dunkel über Kopfsteine auf fast 60 Meter Höhe zum ehemaligen Schloß, das übrigens laut Verwaltungsgeographie zu Altglienicke gehört.

Ähnlich wie in Altglienicke, entstanden auf der Bohnsdorfer Feldmark vor allem Siedlungen: Falkental, Falkenhorst, die Schulze-Siedlung u.a. Die Arbeiterbaugenossenschaft Paradies baute Miet- und Reihenhäuser für viele Arbeiterfamilien. Nach der Inflation schloß sich die Genossenschaft der Gehag an, und so kam es, daß die preiswerten und damals neuartigen Norm- und Typenbauten ihres Chefarchitekten Bruno Taut auch in Bohnsdorf gebaut wurden.

Inzwischen hatte das Ausflugswesen festen Fuß gefaßt und vermarktete Landwirtschaft und Bauernbräuche auf *Deibel komm raus*.

Bis 1900 war der Dorfkrug die einzige Restauration im Dorf, doch nun mußte auch er sich mit einem neuen Konzept der Konkurrenz stellen. Das tat er bravourös. In den 20er Jahren wurde er zum feinen Ausflugsrestaurant, umbenannt in Parkrestaurant, und lockte mit Vergnügungen aller Art. »Im weißen Rößl« oder »Das Glücksmädel«, in dem viele Bohnsdorfer mitspielten, gehörten zu den Rennern der Theatersaison. Die Siedler waren rührig und initiierten ein reges Vereins- und Kulturleben. Die 1920/21 gegründete Theatervereinigung Concordia e.V. brachte außer Opern fast alles zur Aufführung und tingelte erfolgreich mit Leiterwagen und Dekorationen in der näheren Umgebung. Das »Orchester der Musikfreunde Bohnsdorf 1927«, in der damals üblichen Salon-Orchester-Besetzung, gab Konzerte, bekrönte Ball-

Märkisches Backsteingehöft am Dorfplatz

veranstaltungen und die teilnehmerstarken Jugendweihefeiern. Auftritte in der Neuköllner Hasenheide unter Dirigent F. Ketscher, der auch als Stehgeiger Ovationen erntete, gehörten zu den Glanzleistungen. Ob Beethoven, Rachmaninow oder die »Berliner Luft«, der Eintritt kostete 60 Pfennige.

Zum Kulturzentrum der Siedlung wurde die Gaststätte Paradiesgarten in der Waltersdorfer Straße, betrieben von der gleichnamigen Wohnungsbaugenossenschaft. Wenn hier der damals populäre Schlagersänger Rudi Schuricke »Wenn bei Capri die rote Sonne im Meer versinkt« anstimmte, ging für die Bohnsdorfer die Sonne erst auf. Die Arbeitervereine hatten großen Zulauf und wurden begeistert unterstützt. Vom Kind bis zum Veteran, jeder machte irgendwo mit. Die neuen Siedlungen waren wie geschaffen für die Durchset-

Das Elster-Kino an der Elsterstraße im Jahre 1936

zung der neuen Ideen. Lehrer, die von der weltlichen Schule Adlershof kamen, brachten den fortschrittlichen Geist auch in Bohnsdorfer Schulen. Die Jugendweihe war 1871 erstmalig von der freireligiösen Gemeinde in Berlin veranstaltet worden, 1922 nahmen in Bohnsdorf 25 Jugendliche teil, 21 wurden konfirmiert. Das blieb ungefähr so bis 1933, als die Arbeitervereine insgesamt verboten wurden. In jenem verhängnisvollen Jahr wurde im Ortsteil Falkenhorst das Elster-Kino mit »Grün ist die Heide« und Willy Birgel in der Hauptrolle eröffnet. Günter Koglin war Kellner und Cineast, machte seinen Filmvorführerschein, nahm einen Kredit von 6.000 Mark auf und baute ein Kino an der Elsterstraße: Ein Flachbau mit abgerundeter, einladender Ecke, ganz in Tautschem Sinn. Taut war schon 1932 in die Sowjetunion übergesiedelt, und das Neue Bauen stand kurz vor dem Verbot.

Das Elster-Kino war 1957 das erste in Ostberlin, das auf Cinemascope umrüstete. (Aufgrund nicht erworbener Lizenz hieß es in der DDR »Totalvision«). Bis dahin trafen Kinobesitzer die Filmauswahl selbst, ab 1957 wurde die Zensur verhängt und die Auswahl vom staatlichen Progress Film-Verleih getroffen. Der verlieh die Publikumsrenner an das Bohnsdorfer Volkshaus, das sich die Bohnsdorfer 1948 aus sowjetischen Militärbaracken selbst gebaut hatten und das zum Kulturzentrum der Nachkriegszeit wurde. Das Elster-Kino schloß 1963 und diente fortan dem DFF als Probenstudio für Fernsehfilme aus der Redaktion Heitere Dramatik. Das war zumindest die prominenteste Ära des Kinos, denn Publikumslieblinge wie Herbert Köfer, Rolf Herricht, Helga Hahnemann, Gerd E. Schäfer oder Margot Ebert, um nur einige zu nennen, strahlten nicht nur von der Leinwand, sondern den Bohnsdorfern leibhaftig ins Gesicht. Die ernstgemeinten Proben in der Probendekoration litten stets unter einer gewissen Heiterkeit. So konnte es vorkommen, daß für eine Liebesszene nicht nur das Ehebett, sondern auch der Partner fehlte und ein Bühnenarbeiter die Rolle des Geliebten, wenn auch widerstrebend, übernahm. Doch das wurde dann meist ein ganz anderer Film! Das DDR-Fernsehen gibt es nicht mehr, und das Volkshaus, ehemaliger Geheimtip für heiße, auch verbotene Rockmusik und Treffpunkt Bohnsdorfer Bürgerbewegung nach 1989, hat für immer ausgedient.

Doch Bohnsdorf ist und bleibt mit Land und Leuten die dörfliche Perle Berlins.

Literatur

Becker/Friedmann/Schindler, Hrsg. Kulturbund e.V. Berlin-Treptow: Juden in Treptow. Sie haben geheißen wie ihr heißt, Berlin 1993

Endlich, Stefanie/Wurlitzer, Bernd: Skulpturen und Denkmäler in Berlin, Berlin 1990

Ernst, Hans-Eberhard: Köpfe – Altglienicker, Treptower und andere, Berlin 1995

Festschrift zum einjährigen Bestehen der Johannisthaler Filmanstalten GmbH, Berlin 1921

Hänsel, Gerhard: Wissenswertes aus der Geschichte des Ortsteils Treptow, Berlin 1989

Die Entwicklung der Industrie unseres Ortsteils, Berlin 1989

Hüter, Karl-Heinz: Architektur in Berlin, Dresden 1987

Institut für Denkmalpflege: Die Bau- und Kunstdenkmale in der DDR, Band II, Berlin 1986

Junghanns, Kurt: Bruno Taut 1880–1938, Berlin 1970

Köpstein, Horst und Helga/Arbeitsgemeinschaft »Junge Historiker«: Das Treptower Ehrenmal, Berlin 1987

Rach, Hans-Jürgen: Die Dörfer in Berlin, Berlin 1988

Richter, Regina/Rother, Frauke/Scharnhorst, Anke: Hier können Familien Kaffee kochen – Treptow im Wandel der Geschichte, Berlin 1996

Rürup, Reinhard/Hrsg.: Berlin 1945 – Eine Dokumentation, Berlin 1995

Späth-Buch 1720–1930, Hrsg. L. Späth, Berlin 1930

Specht, Erich: Treptow wie es war und wurde, Berlin 1935

Schmitt, Günter: Als die Oldtimer flogen, Berlin 1987

Uhlig, Judith: Treptow, Geschichte der Berliner Verwaltungsbezirke, Band 22, Berlin 1995

Völker, Klaus: Hochschule für Schauspielkunst »Ernst Busch« Berlin. Ein Querschnitt durch Geschichte und Ausbildungspraxis, Berlin 1994

Wagner, Gisela und Günter/Autorenkollektiv: Bohnsdorf Teil 1 und 2, Berlin 1992 und 1994

Wendland, Folkwin: Berlins Gärten und Parke von der Gründung der Stadt bis zum ausgehenden neunzehnten Jahrhundert, Frankfurt, Berlin, Wien 1979

Wörmann, Heinrich-Wilhelm: Widerstand in Köpenick und Treptow, Bd. 9 der Schriftenreihe über den Widerstand in Berlin von 1933–1945, Berlin 1995

Wörner, Martin/Mollenschott, Doris/Hüter, Karl-Heinz: Architekturführer Berlin, Berlin 1991

Dank für Informationen, Material und Gespräche
an Ursula Pusch, Jürgen Riese, Frauke Rother, Veronika Drogi, Rudi Hinte, Paul-Nipkow-Teleclub e.V., Heinz Mauer, Hans-Eberhard Ernst, Barabara Lasch, Wolfgang Rössel, Gisela und Günter Wagner, Andrea Wodke (für endloses Korrekturlesen) u.v.a.